# A Oração da Serenidade

**Dados Internacionais de Catalogação na Publicação (CIP)**
**(Câmara Brasileira do Livro, SP, Brasil)**

Morris, Jonathan
A oração da serenidade / Jonathan Morris ; tradução de Vera Joscelyne. – Petrópolis, RJ : Vozes, 2018.

Título original : The way of serenity
Bibliografia.
ISBN 978-85-326-5766-4

1. Oração da serenidade – Meditações I. Título.

18-14229 CDD-242.7

Índices para catálogo sistemático:
1. Oração da serenidade : Cristianismo 242.7

Jonathan Morris

# A Oração da Serenidade

Tradução de Vera Joscelyne

Vozes Nobilis

Publicado por acordo com Harper Collins Publishers

Título do original em inglês: *The Way of Serenity*

Direitos de publicação em língua portuguesa – Brasil:
2018, Editora Vozes Ltda.
Rua Frei Luís, 100
25689-900 Petrópolis, RJ
www.vozes.com.br
Brasil



---

*Editoração*: Flávia Peixoto
*Diagramação*: Sheilandre Desenv. Gráfico
*Revisão gráfica*: Nilton Braz da Rocha / Nivaldo S. Menezes
*Capa*: Érico Lebedenco

ISBN 978-85-326-5766-4 (Brasil)
ISBN 978-0-06-211913-1 (Estados Unidos)

Editado conforme o novo acordo ortográfico.

Este livro foi composto e impresso pela Editora Vozes Ltda.

*Obrigado, Francisco, por me ensinar uma vez mais que o caminho de Jesus é simples: misericórdia, humildade, verdade e serviço.*

# *Sumário*

# Introdução

Era um dia gelado de janeiro. Pensei que meu casaco estivesse abotoado até em cima, mas uma parte do meu colarinho clerical ficou à mostra. Um homem de vinte e poucos anos se aproximou de mim em uma pequena rua lateral no Baixo Manhattan, não muito distante da Wall Street. Ele estava ansioso para me falar que não acreditava em Deus. Jim era tão bondoso e tão honesto quanto possível. Sentiu-se obrigado a me falar sobre sua descrença, não para que eu pudesse convencê-lo do contrário, mas sim para que eu soubesse que ele estava se esforçando para ser uma boa pessoa, mesmo sem ter fé em meu Deus.

Fiquei impressionado com a candura de Jim e com seu desejo de comunicar a verdade de que muitas pessoas que não creem são extremamente boas e moralmente corretas. Agradeci a Jim por se sentir confortável o suficiente para me abordar. Agradeci-lhe também por tentar viver uma vida virtuosa e disse-lhe que ele tinha me inspirado a me esforçar duplamente para alcançar a mesma meta. Finalmente eu lhe disse que se ele não se importasse, eu iria rezar por ele, e de uma forma um tanto rotineira e ingênua pedi-lhe que também rezasse por mim. Jim apertou minha mão, sorriu bondosamente e preparou-se para ir embora, mas parou depois de alguns passos, deu meia-volta e me disse algo que eu nunca esquecerei: – Na verdade eu não acredito em rezas, porque não sei se alguém está escutando, mas gosto muito da Oração da serenidade.

O incrível sobre a afirmação de Jim é a frequência com que ouço essa mesma frase de várias maneiras. Mesmo pessoas que não costumam rezar o Pai-nosso (ou a Oração de Jesus) – e muito menos o Lembrai-vos ou a Ave-Maria – ou qualquer oração formal, por alguma razão encontram grande conforto na Oração da serenidade. Ela parece tocar o coração de uma maneira que transcende os limites de experiências religiosas específicas, atingindo nossa verdadeira humanidade. E, de forma extraordinária, essa oração, tão amada por tantos, não é genérica, banal ou superficial. Pelo contrário; desde o fiel mais caloroso e compromissado até o mais cético, todos encontramos nela grande profundidade e consolo. Eu a rezo todos os dias.

Em várias ocasiões essa oração foi atribuída a uma enorme variedade de pessoas, desde Tomás de Aquino até Cícero, de Santo Agostinho até Boécio, de Marco Aurélio até São Francisco de Assis. Na verdade, porém, ela tem uma origem muito mais humilde e recente. Foi escrita – ou pelo menos popularizada – no século XX pelo teólogo protestante americano Reinhold Niebuhr. Várias formas foram adotadas, mas ela se resume a três simples súplicas:

*Senhor, concedei-me serenidade para aceitar as coisas que não posso modificar, coragem para modificar as que posso, e sabedoria para distinguir umas das outras.*

Quando encontrei essa oração pela primeira vez, muitos anos atrás, ela chamou minha atenção, mas não pensei muito sobre o assunto. Parecia um pouco banal, algo que poderia ser visto em um cartaz motivacional, tendo ao lado fotos de corredores, pandas, pores do sol, halterofilistas ou cachoeiras.

Foi preciso participar de uma reunião aberta dos Alcoólatras Anônimos para descobrir que a Oração da serenidade é muito mais profunda do que minha alma tinha estado disposta a reconhecer. Em meu orgulho e imaturidade eu tinha confundido simplicidade com superficialidade, e o universal com clichê. Em um dia quente de agosto, na cafeteria do porão de uma escola primária fechada, testemunhei homens e mulheres alquebrados rezarem a Oração da serenidade como eu mesmo desejaria fazê-lo. Sentados em carteiras de madeira feitas para crianças com metade do seu tamanho, cristãos e não cristãos recitavam de cor palavras que tinham feito suas. Era uma oração porque era um diálogo importante, honesto e corajoso com Deus. Era um grito tranquilo na escuridão de sua própria insuficiência para um poder maior a quem eles tinham ligado sua vontade e suas esperanças. Era o ato mais puro e mais genuíno de entrega à vontade de Deus que eu jamais havia testemunhado. Sua oração não era especialmente bonita ou clara; era verdadeira e realista. Era o oposto de uma pomposidade religiosa; era íntima, existencial e totalmente indiferente a qualquer elogio ou crítica externa. Era uma oração sincera e simples.

Quando comecei a estudar e a orar os elementos da Oração da serenidade e os motivos pelos quais ela era tão popular, percebi que essa simples oração poderia se tornar uma parte importante de minha vida espiritual cotidiana.

Por quê? Em primeiro lugar, sua simplicidade é irresistível. Orações mais longas também podem ser bonitas e têm o seu lugar. – Penso nas orações litúrgicas antigas, tão cheias da tradição e de significado teológicos, atraindo-nos para o mistério da existência de Deus. Mas há algo terno e eminentemente prático nessa oração que qualquer um de nós poderia ter escrito, em dezenas de ocasiões, como resposta a um dilema pessoal. A Oração da serenidade é um lamento confiante do espírito; é um pedido de ajuda confiante.

Intuitivamente sentimos nessa oração a verdade do elogio frequente que Jesus fazia às crianças e a necessidade de sermos como crianças em nossa espiritualidade. Nós complicamos as coisas muito rapidamente! À medida que nossas mentes ficam nubladas, nossas orações ficam mais longas; então nos cansamos e deixamos de rezar. Mas, uma vez mais, não foi Jesus quem encorajou seus discípulos a serem breves em suas orações? Com toda sinceridade, duvido que Deus se impressione com a elegância de nossas palavras ou com a sintaxe perfeita de nossas orações, se nelas desejamos nos parecer ou sentir inteligentes ou piedosos, ou na esperança de que um conjunto perfeito de palavras irá magicamente obter aquilo que queremos. A oração consiste em nos desnudarmos diante daquele que vê a nudez de nossa alma, com toda a pecaminosidade e bondade, e que responde ajudando-nos a tirar nossas viseiras para vermos a nós mesmos e os outros através de seus olhos.

Um segundo fator que torna a Oração da serenidade tão poderosa é a importância do dom que pedimos a Deus quando a recitamos: a paz da alma ou serenidade. Estamos pedindo a Deus que substitua nosso estresse por um coração tranquilo. O estresse pode destruir nossas vidas se o permitirmos; nós o sentimos em nosso sangue quando ele está nos dominando. Tudo começa com uma pequena preocupação, que se transforma em ansiedade, e pouco tempo depois estamos envolvidos no medo. Na Oração da serenidade pedimos a Deus que inunde cada fibra de nosso ser ansioso com sua paz.

Há momentos em que a ideia de serenidade cotidiana me parece inatingível. Como tantos outros, tenho vários empregos (ministérios) que exigem minha atenção, e a cada ano que passa "parece que meu prato fica mais cheio". As consequências do insucesso passam a ser maiores. Mais trabalho significa mais responsabilidade, e mais responsabilidade significa mais problemas. Com a vida tão repleta de tarefas eu não poderia simplesmente descrever meu cotidiano como sereno. No entanto, como tenho certeza de que todos nós já sentimos em um momento ou outro, com atitude mental correta e com a graça de Deus é possível estar tranquilo, mesmo no meio de um turbilhão de atividades. Essa é a alma tranquila que a Oração da serenidade procura.

Um terceiro motivo pelo qual a Oração da serenidade pode transformar nossas vidas é que ela nos lembra de outra verdade importante: Deus quer que sejamos serenos. Com toda razão ficamos horrorizados com a ideia de um Deus que está apenas interessado em estabelecer regras e nos manter na linha. Essa visão errônea de Deus como um policial é especialmente repulsiva porque sabemos que não somos lá muito bons em seguir todas as regras. Mas, de maneira oposta, falar com um Deus que deseja que tenhamos uma alma tranquila – algo pelo qual naturalmente ansiamos – nos lembra que Ele está ao nosso lado. Esse é o Deus pelo qual os santos se apaixonaram por séculos; esse é o Deus da Oração da serenidade. Suas simples súplicas apontam para um Deus que nos ama, que deseja que sejamos felizes e que nos ajuda a nos tornarmos melhores.

Tantas pessoas abandonam a religião porque, à medida que a vida vai progredindo, as exigências do relacionamento com Deus e com a Igreja parecem grandes demais para serem suportadas. Embora o cristianismo nos ensine que Deus é amor, às vezes quando a Igreja (inclusive eu!) começa a explicar o que isso significa para nós na prática, a verdade central é perdida ou substituída por outras noções menos importantes. Concentramo-nos naquilo que a fé pode exigir de nós se nos entregarmos totalmente a isso, e não ao Pai amoroso que abre seus braços para nós.

Finalmente, há outra qualidade na Oração da serenidade que a torna especial. É uma súplica para que Deus nos dê a graça de fazer nossa parte, em vez de assumi-la e fazer tudo sozinho. É assim que deve ser, de uma maneira mais humana. E geralmente é dessa maneira que Deus intervem nos negócios humanos. Você se lembra de ter se sentido desconfortável ao pedir a Deus para que o ajudasse a sair bem em uma prova para a qual não havia estudado? Esse é um sentimento justificável porque Deus nos deu uma mente e uma vontade, e agimos com ingratidão quando deixamos de usar os dons que Ele nos deu e simplesmente pedimos sua ajuda. Já na Oração da serenidade pedimos pelo milagre da serenidade no meio da confusão, mas ao mesmo tempo prometemos a Deus que tentaremos (1) aceitar aquilo que não podemos modificar, (2) agir com coragem para modificar o que podemos e (3) usar nossas mentes para distinguir entre aquilo que podemos e aquilo que não podemos modificar. Isso é uma colaboração significativa para com a graça de Deus.

Cada uma das três grandes virtudes que solicitamos nessa oração – serenidade, coragem e sabedoria – vem acompanhada de um preço. Nós as pedimos, mas também trabalhamos por elas e dependemos da graça de Deus para nos orientar ao longo do caminho. O milagre que pedimos é a graça de fazer aquilo que sem ela não seríamos capazes. Por mais poderosos que possamos nos sentir na era moderna, há muitos aspectos de nossas vidas que nos fazem sentir estranhamente impotentes. Todos os dias encontro pessoas que se sentem presas em uma armadilha. Para algumas é sua situação no trabalho (ou seu desemprego), para outras é seu casamento ou sua família, e outras, ainda, sentem-se presas pelas más escolhas que fizeram ou simplesmente por suas próprias incapacidades e fracassos. Não precisamos ser jogados em uma cela para nos sentirmos presos. Podemos construir nossa própria prisão e nos trancarmos nela se permitirmos que condições insignificantes nos façam sentir impotentes e vazios. Não é surpreendente – e frustrante – ver como, por um lado, a ciência nos permitiu dividir os átomos, mapear o genoma humano e curar inúmeras doenças e, por outro lado, ainda estarmos impelidos pelos defeitos de nosso caráter! Deus quer nos ver presos em uma armadilha? De forma alguma! Ele quer nos dar a graça de romper nossas correntes e sair de nossa prisão.

O que mais amo na Oração da serenidade é que, quando aprendemos a orá-la honestamente – não apenas a repeti-la –, somos forçados a pô-la em prática. Com essa oração em nossos corações vamos aprendendo a discernir aquilo com que podemos contribuir (as coisas que podemos modificar) e aquilo que devemos simplesmente aceitar, deixando nas mãos de Deus (as coisas que não podemos modificar). Pedimos serenidade, coragem e sabedoria, trabalhando para obtê-las.

Minha esperança é que este livro irá lhe ajudar a fazer dessa oração um estilo de vida. Isso é o que ela se tornou para mim. É claro, em meu ministério rezo com frequência e faço muitas orações, tentando me empenhar nelas. Para mim, no entanto, a Oração da serenidade é diferente de todas as outras: é um hábito, um estilo de vida, e essas são as palavras que digo a Deus quando me desperto, antes de dormir, quando estou nervoso, quando estou grato, quando estou confuso, quando estou feliz, quando fracasso e quando não sei o que dizer.

Em cada uma das três partes deste livro exploro em profundidade uma linha dessa oração maravilhosa. Uso histórias de pessoas que aprenderam – ou estão no processo de aprender – a encontrar mais serenidade na vida. Falo sobre aquilo que Deus fez em minha vida e na vida dos membros de minha família, para nos levar por essa trilha de três passos. Usei minhas histórias bíblicas favoritas, textos espirituais, fatos históricos, orações e meditações para ajudar a orientá-lo nessa viagem na direção de mais serenidade, coragem e sabedoria que Deus quer para todos nós.

Antes de prosseguir, gostaria de fazer um pedido: Você poderia decorar a Oração da serenidade hoje e orá-la a cada dia, até que termine a leitura deste livro? Essa seria uma maneira simples de dizer ao Espírito Santo que você está aberto para qualquer que seja a surpresa cheia de alegria que Ele está esperando para lhe fazer. Nessa luz, compus uma oração bem curta para você no final de cada capítulo. Deixe que cada uma dessas orações seja um lembrete de que este livro é mais sobre fazer uma viagem de oração e conversão do que sobre aprender algo novo.

# PARTE I

## *A serenidade para aceitar as coisas que não podemos modificar*

NÃO FAZ MUITO TEMPO, minha querida amiga Lorie me mandou um torpedo e parecia estar em pânico. Dizia que estava paranoica com relação a seu chefe e não conseguia dormir à noite.

– Você está com medo de ser despedida? – perguntei.

– Não, acho que não, mas ele está me pedindo que faça tantas coisas, que não sei se posso fazer tudo ou se conseguirei fazê-las bem.

– Bem, Lorie, mas não é uma boa coisa que ele dependa tanto de você? É um sinal de confiança – respondi –, e ele não vai despedi-la ou ficar irritado com você se puder fazer apenas uma parte dessas coisas.

– Eu sei, mas isso está demais, e não sei bem o que fazer – disse ela.

– Mas ele não está satisfeito com sua produtividade até o momento?

– Não tenho certeza – disse ela –, mas no começo do mês ele me deu um aumento.

– Um aumento significativo?

– É, acho que sim: 20%.

Respondi com um sorriso no rosto, dizendo que muita gente teria adorado ter aquele tipo de chefe pouco razoável. Para Lorie, no entanto, nem mesmo um aumento e um excelente bônus no mês anterior poderiam mudar o que ela estava sentindo naquele momento. Sentia-se oprimida pelas expectativas do chefe. Não podia controlar seus pedidos e tinha a sensação de que tudo aquilo era mais do que ela poderia enfrentar. Ou seja, estava sufocada pelas coisas que, em sua opinião, não podia modificar.

Nesta primeira seção do livro mergulharei naquilo que significa aceitar com serenidade as coisas que não podemos modificar, e como fazer isso. Três ideias estão em jogo: serenidade, aceitação e realidades imutáveis.

À primeira vista, serenidade pode parecer um conceito negativo, no sentido de se referir à ausência de algo. Por exemplo, a ausência de agitação, de preocupação ou de estresse. Se a serenidade significasse apenas a ausência de certos sentimentos ou condições, diríamos que estar sereno significa estar despreocupado, ou seja, calmo e indiferente aos problemas que nos rodeiam. Mas quando conhecemos uma pessoa verdadeiramente serena, compreendemos que ser sereno é mais do que estar despreocupado. Pessoas tranquilas, serenas, exibem uma sensação de calma, de satisfação e de bem-estar. Serenidade e paz de espírito são conceitos positivos que abrangem uma plenitude e riqueza de espírito que vai além da mera ausência de algo ruim. Uma pessoa não será verdadeiramente serena se estiver vazia interiormente, mesmo que não tenha quaisquer problemas que a pressionem. A serenidade pela qual oramos é holística; ou seja, abarca tudo o que somos. Ela está relacionada à profunda e enraizada confiança de que todas as coisas importantes de nossa vida estão indo bem – ou irão estar – porque Deus está do nosso lado e sabe o que faz. A alma serena depende da certeza de ser amada e cuidada pelo amante perfeito: o próprio Deus.

Se a serenidade é um estado de ser, o segundo elemento em jogo, a aceitação, é uma ação. Em latim a palavra é *accipere*, que significa adotar alguma coisa, fazê-la nossa. Quando aceitamos presentes de outras pessoas, eles passam a ser nossa propriedade. Assim, aceitação é o oposto de rejeição, isto é, a não disponibilidade de tomar para nós aquilo que nos foi oferecido. A aceitação também implica certa "quantidade de consentimento", como quando aceitamos uma desculpa ou uma proposta. Observe que a aceitação ultrapassa a mera resignação. Aceitar uma pessoa em nossa casa – ou como parte de nosso círculo de amigos – envolve a disposição de lhe dar boas-vindas, e aceitar uma ideia significa abraçá-la, assimilá-la e identificar-se com ela. Em nossa oração pedimos especificamente pela serenidade que dá as boas-vindas às difíceis realidades de nossa vida que não podemos modificar.

O que são essas realidades cuja modificação está além de nosso poder? Quais são as realidades imutáveis em nossa vida, cuja aceitação estamos pedindo a ajuda de Deus? Há muitas para enumerar, mas pode ser útil ter uma ideia de algumas daquelas que, para nós, são as mais difíceis de aceitar. Podemos começar, é claro, com o nosso passado, nossa história pessoal. Tudo o que está escrito, escrito está. As "cartas que recebemos no jogo" – nossos pais, irmãos, a educação, os talentos (ou a falta deles), os traumas e tragédias, nossas escolhas boas e más e suas consequências –, em certo sentido são águas passadas. Há coisas que não mudam, não importa o que desejemos ou o que façamos. Podemos nos rebelar contra elas ou abraçar sua realidade; podemos aprender com elas ou permitir que elas nos condicionem. Elas simplesmente são porque foram. Poucas pessoas estão completamente satisfeitas com suas vidas; amam tudo acerca de si mesmas, e a maioria que se enquadra nessa categoria não é muito divertida como companhia!

Nesta primeira parte do livro deixaremos esses três conceitos bastante claros. Buscamos serenidade e reconhecemos que não podemos encontrá-la, a menos que estejamos dispostos a aceitar certas coisas, porque resistir às realidades imutáveis não é somente improdutivo, mas, na verdade, destrutivo. A primeira súplica da Oração da serenidade exige uma certa disciplina para dar os passos necessários na moldagem de nossas atitudes básicas de uma maneira construtiva, e também exige a disposição para confiar. Pedimos, acreditando que iremos receber. Buscamos com toda a confiança de que iremos encontrar. Batemos à porta com a certeza de que a ela será aberta para nós.

# 1

# Uma paz que vem de Deus

Já se tornou lugar-comum dizer que a coisa mais segura para se desejar ou pela qual rezar em voz alta sem ofender ninguém é a paz mundial, algo que passou a ser o componente principal, por exemplo, em desfiles de misses, em formaturas e em almoços beneficentes. Embora haja muito a ser dito sobre ela, a paz mundial pode ser tomada como um marcador de posição ingênuo: "Será que todos não podemos nos dar bem?" Esse desejo é ingênuo porque sugere que a paz pode ser obtida por meio de comportamento ou políticas públicas, e não pela conversão do coração. Em nossa busca pela "paz mundial" olhamos "para fora" para evitar olhar "para dentro". Como o grande Bispo Fulton Sheen escreveu, "As guerras mundiais são apenas projeções dos conflitos lavrados dentro das almas dos homens modernos, pois nada ocorre no mundo externo que não tenha ocorrido primeiramente dentro de uma alma"[1]. Isso é a mais pura verdade. O que realmente queremos – até mais do que a paz mundial – é a paz de espírito; paz dentro de nós.

Quando oramos pela serenidade para aceitar as coisas que não podemos modificar, estamos pedindo essa paz profunda. É uma

1 SHEEN, F.J. *Peace of Soul*. Garden City, NY: Doubleday, 1954, p. 1.

paz mais profunda e mais duradoura porque não depende de as coisas acontecerem da maneira que desejamos, e sim de nossa disposição de permitir que Deus organize as coisas a seu jeito e tempo.

Jesus veio como o Príncipe da Paz e prometeu a seus discípulos o dom de uma paz que o mundo não pode dar (cf. Jo 14,27). Essa paz é mais do que o mero "dar-se bem com os outros" ou a ausência de conflito armado. Jesus quis dizer algo mais profundo, mais duradouro. A paz neste mundo é sempre precária, está sempre ameaçada. Podemos tê-la por uns momentos, só para que ela nos seja roubada outra vez. Assim como a superfície do oceano pode estar calma por uns momentos e depois irromper em ondas violentas, nossa paz sempre parece estar em perigo de se desintegrar. Mesmo aqueles para quem todas as coisas caminham bem – a saúde, os relacionamentos, a riqueza – devem viver com a possibilidade de que a qualquer momento elas podem ser retiradas.

Permitir a Deus que organize as coisas de sua maneira e a seu tempo é difícil porque significa abandonar tudo o que queremos manter, e esse abandono pode parecer injustiça, irresponsabilidade ou indiferença de nossa parte. Já me senti culpado por tentar deixar nas mãos de Deus aquilo que não posso modificar, como se ficar preocupado com elas significasse fazer alguma coisa positiva em relação a elas. Mas isso é um pensamento superficial de minha parte. A serenidade da alma não é a mesma coisa que estar no controle. Bem abaixo da superfície do oceano encontram-se profundezas que não são perturbadas pelas violentas tempestades que assolam a superfície. Onde vemos apenas ondas agitadas, Deus vê o potencial para a tranquilidade e o caminho para a paz e a ordem.

Você já percebeu como é fácil transferir a direção de sua vida quando as "águas estão calmas"? É fácil confiar em Deus quando já fabricamos os resultados que queremos, mas não é tão fácil – e isso é o que pedimos em nossa oração – dizer a Deus que não iremos mais lutar por um controle absoluto porque confiamos que o controle dele é melhor.

A paz não começa com nações, ou até mesmo entre membros de uma família ou amigos. Ela começa com a nossa humilde relação com Deus; começa quando pedimos: Deus, dai-me sua paz, à sua maneira e a seu tempo.

Um dos livros mais bonitos e profundos que já li é um pequeno volume escrito pelo padre jesuíta Jean-Pierre de Caussade no começo da década de 1700. Chamado Abandono à providência divina, ele estabelece um simples caminho para uma paz interior profunda por meio de uma aceitação amorosa da vontade de Deus a cada momento. Deus está sempre ativo, escreve de Caussade, no "sacramento do momento presente", e nossa entrega a Ele é um caminho tanto para a santidade quanto para a paz[2]. Como São Paulo antes de sua conversão, nós muitas vezes estamos "recalcitrando contra o aguilhão" (At 26,14), resistindo ao plano que Deus tem para nós, e isso nos traz estresse e ansiedade. Preocupando-nos, porque não conseguimos confiar, ficamos irrequietos e agitados.

Serenidade para aceitar as coisas que não podemos modificar significa muito mais do que uma simples resignação diante de nossa impotência para alterar nossa situação. Significa abraçar tanto as realidades agradáveis da vida quanto as desagradáveis como pano de fundo com o qual nós, com a ajuda de Deus, vamos solucionando o drama de nossa existência. Esse pano de fundo foi desejado ou permitido por Deus, objetivando nossa alegria final. Ele inclui muitas coisas para as quais não temos o poder de mudar: nossa história, nossa educação, nossa criação, nossa família, nosso físico, nosso temperamento e inclinações. Elas nos foram simplesmente dadas, e não devemos simplesmente tolerá-las, mas nos alegrarmos

---

2 CAUSSADE, J.-P. *Abandonment to Divine Providence* [Tb. intitulado *The Sacrament of the present Moment*, publicado postumamente, em 1861].

com elas! As especificidades de nossos panos de fundo não são falhas fatais, mas ferramentas preciosas a serem usadas para nossa realização e para a missão à qual Deus nos convocou.

O maior obstáculo para a paz de nossa alma muitas vezes vem da relutância de aceitarmos verdadeiramente as coisas que não podemos modificar. Não gostamos delas; elas nos frustram. Nossa incapacidade de modificar nossa situação nos irrita e evita que tenhamos paz. Por esse motivo, quando oramos por serenidade também oramos pela graça de verdadeiramente abraçar as coisas que não podemos modificar, vendo-as como parte do plano de Deus para nós e revelação de seu amor. Elas não são simplesmente má-sorte ou barreira insuperável para nossa felicidade ou realização pessoal, mas uma parte necessária de nossa realização.

Conheço uma jovem solteira que não tem nenhum parente vivo. A mãe de Rebeca se suicidou, seu pai morreu ainda jovem e, finalmente, sua única avó – que tinha mais como mãe – também faleceu. Rebeca sempre me lembra que, embora sua fé em Deus e no céu – relativamente recente – seja uma fonte profunda de conforto para ela, sua vida ainda está marcada por dor e solidão. Abraçar o plano de Deus não significa estar livre de sofrimentos. Recentemente Rebeca me escreveu o seguinte:

> A aceitação não é normalmente passiva. Pode ser, mas é normalmente baseada na ação. É uma decisão ativa de confiar em Deus, de amá-lo mais e de aceitar sua vontade, apesar de tudo. Também de mostrar amor e servir aos outros. Ainda não cheguei lá com relação a esse último item. Hoje de manhã, a prece de Oswald Chambers me ajudou. Ele disse que o sofrimento muitas vezes remove a superficialidade de uma pessoa, mas nem sempre torna essa pessoa melhor. Ao nos divorciarmos das ligações

doentias com o *self*, podemos nos tornar "nutrição" para os outros.

O que impressiona na viagem espiritual de Rebeca é sua busca ativa em compreender e amar a vontade de Deus para ela, mesmo quando sente muita dor. Sua leitura diária de um devocionário e sua tentativa de "mostrar amor e de servir aos outros" são apenas dois exemplos de um compromisso contínuo com a meta de aceitar – na verdade, de abraçar – as coisas que ela não pode modificar.

O grande teólogo alemão Karl Adam escreveu certa vez que "a realidade é a expressão da vontade do Pai"[3]. Isso não é reconfortante? A vontade de Deus – o bem que Ele faz e até o mal que Ele permite neste mundo decaído – nunca é para a nossa destruição, e sim – sempre – para o nosso bem! Lembre-se das palavras de Jeremias: "Sei muito bem do projeto que tenho em relação a vós – oráculo do SENHOR! É um projeto de felicidade, não de sofrimento; dar-vos um futuro, uma esperança!" (Jr 29,11)[4]. Em um programa de televisão que assisti certa vez, um pintor convidava crianças pequenas para subir ao palco e fazer uns rabiscos em sua tela. O desafio era que ele produzisse alguma coisa artística e bonita tendo como base algo profundamente imperfeito. Fiquei muito surpreso como ele fez isso: dava um passo para trás, examinava os rabiscos e começava a desenhar com eles, incorporando-os em uma ideia nova e maior. Subitamente o que tinha parecido sem sentido e aleatório passava a ser parte de uma linda obra de arte. Acho que isso é o que Deus faz com nossas confusões e fracassos, quando lhe permitimos. Como aquele pintor, Ele não apaga nossos rabiscos – nossos pecados – para recomeçar do princípio. Ele os integra em uma nova obra de arte, uma melhor do que qualquer coisa que poderíamos ter imaginado.

---

3 ADAM, K. *Christ Our Brother*. Nova York: Macmillan, 1931.

4 Todas as citações bíblicas desta tradução são da Bíblia da CNBB online [Disponível em www.bíblia.gonet.biz/] [N.T.].

*Senhor, por favor conceda-me hoje um pouco de sua paz, uma paz que o mundo não pode dar. Ajude-me a abraçar meu passado, em vez de desejar outro, e a buscar sua ação no momento.*

# 2

## *Livre de todo o sofrimento*

Na celebração litúrgica da Ceia do Senhor, após o Pai-nosso, oramos para que Deus nos "livre de todo o mal e nos conceda sua paz em nosso dia", para que possamos estar "livres de todo o sofrimento". Aos olhos de Deus, o sofrimento e a ansiedade são inimigos de nossa alma; são obstáculos para nossa capacidade de viver em sua paz em nosso cotidiano, aceitando as coisas que não podemos modificar.

Jesus disse a seus discípulos para que não se preocupassem com as coisas que afligem aqueles que não creem; que não fiquem estressados por causa de comida ou roupa, e que não entrem em pânico pelas preocupações do amanhã, quando as de hoje já são suficientes. Ele está lhes dizendo – e a nós também – que a vida pode ser mais simples do que a fazemos, e nos convida a priorizar nossas preocupações: "Primeiro, busque o Reino". Jesus nos promete que se fizermos isso todo o resto irá se ajeitar (cf. Mt 6,25-34). Verdadeiramente Ele nos diz que não há necessidade de nos preocuparmos, que podemos descansar tranquilamente, tendo a certeza de que as coisas que não podemos modificar estão sob seus cuidados.

A bondosa Santa Marta, irmã de Lázaro e de Maria de Betânia, é a anfitriã perfeita (cf. Lc 10,38-41). Quando o Senhor foi a sua casa, ela começou a correr de um lado para o outro, tentando tornar tudo perfeito para Ele e não medindo sacrifícios para isso. Mas aquela preocupação exagerada a deixou com os nervos à flor da pele, chegando a ser irônica com o convidado. Frustrada porque sua irmã Maria deixou todo o trabalho para ela, desfrutando da companhia de Jesus, Marta exige que Ele peça a Maria para que a ajude. Conhecendo o bom coração de Marta, Jesus a repreende gentilmente: – Marta, Marta, você se preocupa e se aflige com muitas coisas. Poucas delas são necessárias; na verdade, só uma o é.

Jesus não está recomendando a irresponsabilidade nem está sugerindo que devemos nos apresentar para o trabalho apenas quando temos vontade de fazê-lo ou que não planejemos o orçamento familiar. Nada nas Escrituras retrata Jesus como um jovem do tipo "paz e amor", com uma atitude descuidada e despreocupada. Jesus simplesmente nos convida a priorizar nossos interesses e perceber que a maioria daquilo que nos incomoda não merece tanto gasto de energia emocional, e que poderíamos utilizá-la melhor naquilo que realmente importa.

O que me irrita mais e tira minha paz de espírito? Isso é realmente tão importante como o considero? A maioria das coisas que parecem ser emergenciais em determinado momento são esquecidas em poucos dias, e às vezes até dentro de poucas horas. Seja lá o que for que tenha me deixado tenso na semana passada, já foi esquecido, enterrado como uma cidade no deserto sob as areias do tempo. Algo que parece tão terrível para mim em determinado momento pode ter se apagado de minha memória pouco tempo depois.

Um passo importante no exercício espiritual de vencer o sofrimento ou a ansiedade é a opção de confiar que você não está sozinho, e depois seguir adiante com essa certeza. O "tudo depende de você" é uma carga terrivelmente pesada para suportar. Se o seu futuro e o futuro de sua família dependem somente de sua força e de suas qualidades pessoais, como será possível ter esperança de ser bem-sucedido? Mas será que *tudo* realmente depende de você? Absolutamente não. O antigo provérbio "faça o melhor que pode e esqueça o resto", se for compreendido corretamente é verdadeiro. Por que se preocupar com aquilo que você não pode modificar? Mas o provérbio é ainda mais verdadeiro quando "fazer o melhor" inclui transferir para Deus a causa de seu sofrimento e permitir que Ele cuide do resto. De modo semelhante a um empreendimento comercial no qual o sócio majoritário tem, em última instância, a responsabilidade e o poder decisório, ocorre na vida cristã. Quando já fizemos tudo o que podíamos, devemos nos esquecer do resto, porque sabemos que nosso sócio majoritário no empreendimento da vida – o Espírito Santo – tem todas coisas sob controle.

A letra da canção "I Offer My Life" [Ofereço minha vida], escrita pelos compositores Don Moen e Claire Cloninger, expressa maravilhosamente essa entrega de nossa ansiedade ao Senhor.

> Tudo aquilo que sou, tudo aquilo que tenho,
> coloco diante de você, ó meu Senhor.
> Todos os meus arrependimentos, todos os meus aplausos,
> a alegria e a dor, as estou fazendo suas.
>
> Senhor, ofereço-lhe minha vida;
> tudo por que já passei, use-o para sua glória.
> Senhor, ofereço-lhe meus dias
> alçando meu louvor a você como um sacrifício aprazível.
> Senhor, ofereço-lhe minha vida.

Os grandes santos da Bíblia sabiam bem como fazer isso. São Pedro nos convida a colocar nossas preocupações nos ombros de Jesus e a confiar nele: "Lançai sobre Ele toda a vossa preocupação, pois Ele é quem cuida de vós" (1Pd 5,7). Isso é profundamente reconfortante.

Mas será que deveríamos realmente colocar tudo isso sobre Deus? Não lhe deveríamos pedir permissão antes de jogar tudo isso sobre Ele? Pois nós temos sua permissão! Na verdade, isso é o que Ele insiste que façamos. "Vinde a mim todos vós que estais cansados e carregados de fardos, e eu vos darei descanso", diz-nos Jesus (Mt 11,28). Não sei se há palavras mais reconfortantes do que essas em qualquer parte da Bíblia. Elas nos dizem que Jesus compreende que estamos sobrecarregados e ansiosos e que Ele está solidário com isso. Ele quer nos ajudar e nos convida a nos voltarmos para Ele. E continua: "Tomai sobre vós o meu jugo e sede discípulos meus, porque sou manso e humilde de coração, e encontrareis descanso para vós. Pois o meu jugo é suave e o meu fardo é leve" (Mt 11,29-30). De certa forma, parece que Jesus está nos pedindo que troquemos nosso fardo pelo dele. Ele quer assumir nossos fardos e, em troca, nos oferece o doce jugo de segui-lo.

*Tudo o que eu sou, tudo o que eu tenho*
*eu coloco diante de você, ó Senhor.*
*Todos os meus arrependimentos, todos os meus*
*aplausos, a alegria e a dor, eu as estou fazendo suas.*

# 3

# Trabalhe como se tudo dependesse de você e ore como se tudo dependesse de Deus

Escolher transferir para Deus nossos cuidados e nossas preocupações sobre as coisas que não podemos modificar não nos tornará passivos. Na verdade, isso nos fará mais eficientes. Nossas mentes se tornarão mais claras para agir sabiamente e fazer aquilo que sabemos que podemos e deveríamos fazer.

Você se lembra das fábulas de Esopo? Esopo era um frígio que viveu no século VI a.C. Embora ele obviamente não tenha tido o privilégio de ouvir sobre a vida de Jesus e sua mensagem, as fábulas que lhe são atribuídas estão cheias de verdades fundamentais sobre a condição humana, inclusive o valor do trabalho e de uma vida responsável. Em sua fábula "A cigarra e a formiga", conta a história de uma formiguinha muito trabalhadora que passa o verão inteiro carregando comida para o seu formigueiro, armazenando-a para o longo inverno. Todos os dias, caminhando com dificuldade, ela passava por uma cigarra que dedicava seus dias de verão a tocar violino, e esta a ridicularizava por sua "tolice". Realmente, enquanto o verão durou, parecia que a cigarra era a mais sábia das duas, passando seus dias comendo, bebendo e se divertindo, enquanto a pobre formiguinha trabalhava como uma escrava.

Mas, como vocês sabem, o inverno chegou e as coisas mudaram radicalmente. Agora é a formiga que tem a vantagem, desfrutando dos frutos de seus esforços. A cigarra, com frio e faminta, é obrigada a pedir esmolas, enquanto a formiga fica aconchegada e bem-alimentada em seu formigueiro.

A serenidade que buscamos não nasce da irresponsabilidade; não é ignorando nossas obrigações que encontramos paz de espírito. Todos nós conhecemos pessoas que, à semelhança da cigarra, não sabem como viver responsavelmente, ou simplesmente não o fazem. Elas contraem dívidas com seus cartões de crédito sem terem meios para pagá-las, ou dependem da generosidade de outras pessoas porque não se preocuparam em economizar.

Estamos certos ao rechaçar a ideia de que a serenidade é compatível com a indiferença de como as coisas devem ser – ou, até pior, que ela seria fruto dessa indiferença. Mas tampouco a serenidade se encontra na atitude contrária, ou seja, de nos sentirmos culpados por não estarmos dependendo de Deus se realmente trabalhamos muito e corremos atrás de nossas metas. A virtude se encontra no caminho do meio; isto é, estabelecer boas metas e ir atrás delas com entusiasmo, sem viver como se tudo dependesse de nós ou preocupados constantemente com o futuro.

Outro provérbio vem logo à mente com relação a isso. É um provérbio paralelo à Oração da serenidade, só que mais antigo e atribuído ao fundador dos jesuítas, o espanhol Inácio de Loyola. Ele aconselhava: "Trabalhe como se tudo dependesse de você e ore como se tudo dependesse de Deus". Ao trabalharmos sabemos o quão importante é a parte que desempenhamos. No entanto, quando oramos nos lembramos de que sem Deus, nem mesmo nosso trabalho irá nos salvar. Nossa oração é um contrapeso necessário para nossa ação e nos lembra de quem, em última instância, está no comando. Lembremo-nos das palavras de Jesus: "Quem de vós pode, com sua preocupação, acrescentar um só dia à duração de sua vida?" (Mt 6,27). Em outras palavras, somos convidados a planejar, a economizar e a trabalhar o tempo todo, sabendo que estamos nas mãos de Deus. O que Ele nos pede é a fidelidade, não o sucesso!

A serenidade que buscamos surge por sabermos que fizemos tudo o que podíamos e que o resto depende de Deus. Há uma verdadeira paz de espírito que nos envolve quando fizemos nossos melhores esforços. Como um agricultor que, depois de trabalhar sua terra e semeá-la, senta e espera pelo crescimento da plantação, quando fizemos nossa parte podemos descansar com a certeza de que, em última instância, os frutos de nossos esforços dependem de Deus. A vida cristã pode ser concebida como um esforço colaborativo, uma sociedade limitada, ou até um empreendimento conjunto em que Deus é sempre o sócio majoritário que trabalha ao nosso lado e compensa nossas deficiências.

Sou um jogador de golfe, ou melhor, gosto de jogar golfe. Além da emoção que nos domina quanto tentamos fazer com que uma pequena bola branca entre em um buraco no chão a vários metros de distância do *tee* onde ela foi colocada – eu sei, parece uma maluquice –, eu amo jogar golfe porque, para mim, é uma experiência espiritual em mais de um aspecto. Quando vejo um campo magnificamente preparado ou uma paisagem natural magnífica, conecto-me com a grandeza de Deus. E nas raras ocasiões em que dou uma tacada muito boa, fico emocionado ao ver como posso treinar minha mente e meu corpo para fazer aquilo que eles devem fazer e começo a pensar que um dia poderei me tornar um exímio jogador de golfe. É bem verdade que essa esperança tão acalentada quase não pode ser qualificada como espiritual, mas existem outras coisas. O golfe, como nenhum outro esporte, permite conversas importantes, em um ambiente relaxado, com pessoas com as quais você de outra maneira não conversaria por tanto tempo.

Durante um retiro para escrever, perto do Lago Tahoe, fui convidado a lidar com meu bloqueio de escritor jogando em um campo de golfe magnífico chamado Clear Creek Tahoe. É uma preciosidade desconhecida que certamente logo será descoberta pelos especialistas do golfe como um campo de classe internacional. Cada buraco é de forma peculiar e artística extraído do contorno natural do lado Nevada das Sierras. Depois do primeiro buraco eu sabia que pelas três próximas horas eu estaria em um pedacinho do céu. O que eu não sabia é que também me "emocionaria espiritualmente", tanto pela conversa com meu anfitrião quanto por seus conselhos técnicos sobre golfe.

Eu nunca tinha sido apresentado a Colin, mas fui imediatamente cativado por sua bondade natural e seu talento como professor. Como ele sabia que eu sou padre, a conversa eventualmente voltou-se para a religião, como quase sempre ocorre. A primeira pergunta que ele me fez foi como eu tinha decidido ser padre. Quando, a seguir, perguntou-me se meus pais também eram padres, percebi que ele não era católico, mas pude perceber também um forte desejo de saber mais sobre Deus e sobre a fé. Mais tarde ele me disse que tinha sido criado sem religião, mas que desde criança sempre teve grande fascinação por orações, e que entrar em igrejas lhe trazia paz. Um tema foi levando a outro, e logo, por sua insistência, estávamos envolvidos em uma conversa profunda sobre mortalidade, céu, Deus, orações, fé e razão, e também significado da vida. Certamente eu não teria planejado ou até mesmo encorajado uma conversa tão séria em um campo de golfe, mas a humildade, a sinceridade, a honestidade e a brilhante inteligência de Colin fizeram com que a conversa fluísse sem esforço, e tenho a certeza de que aprendi pelo menos tanto com ele quanto ele disse ter aprendido comigo.

Creio que foi no 13º buraco, na jarda 590, ironicamente chamado de "Contemplação", que Colin associou uma técnica de golfe à maneira como devemos viver a vida. Começou comentando sobre o giro da minha tacada: – Tudo tem a ver com o ritmo. Quando todo o resto dá errado, lembre-se: ritmo, ritmo, ritmo.

No jargão do golfe isso significa diminuir a velocidade de seu *swing* e deixar que o taco faça o trabalho por você. – Lembre-se [disse ele], há um motivo pelo qual chamamos isso de um *swing*, e não de um *hit*. – No golfe temos quatorze tacos em nosso saco, mas só precisamos de um *swing*. Se você faz um *swing* mais lento e não fica no caminho do taco, o resto se resolve sozinho.

Depois, levantando a cabeça, disse, com um amplo sorriso: – Suponho que isso é um pouco como a vida.

Colin tem razão. Quando tentamos forçar nossa vontade, quando tentamos acelerar o processo, quando não conseguimos sair do caminho, quando agimos de uma maneira um dia e de outra no dia seguinte, é aí que as coisas saem erradas. Por outro lado, quando estamos confiantes de nossa posição diante de Deus e dos outros, quando nossa principal aspiração é chegar ao céu e levar conosco o maior número possível de pessoas, então a vida torna-se simples. Essa simplicidade nos permite confrontar, com grande facilidade, tudo o que atravessar nosso caminho. Um cristão empenhado, diante da vergonha ou da fama, do triunfo ou da derrota, da doença ou da saúde, da crise financeira ou da riqueza, não precisa ter sua vida virada de cabeça para baixo porque essas experiências não o modificam e sua aspiração principal continua a seu alcance.

Se por nossa personalidade temos a tendência de ser mais como a formiga de Esopo (preocupando-nos em demasia) ou sua cigarra (definitivamente irresponsáveis) podemos mudar. Podemos escolher trabalhar como se tudo dependesse de nós e orar como se tudo dependesse de Deus. Assim, trabalhar e orar nos ajudarão a aceitar as coisas que não podemos modificar.

*Senhor, hoje tentarei colaborar com seu plano para mim fazendo o melhor que posso em tudo o que faço. Grato pela vida e pelo tempo. Irei trabalhar muito segundo as prioridades e, ao mesmo tempo, porque estou confiante de que você está no comando, tentarei me concentrar mais em tratar as pessoas com bondade e respeito do que me concentro nos itens de minha agenda.*

# 4

## A paciência leva à paz

Um antigo poema atribuído a John Dewey diz o seguinte:

> A paciência é uma virtude,
> possua-a se você puder.
> Raramente encontrada em mulheres,
> nunca encontrada em homens[5].

Como a maior parte das generalizações, esta não é verdadeira, mas realmente expressa a realidade de que a paciência é tão rara quanto é boa, e ela é boa porque é precursora da serenidade.

Quando pensamos sobre paciência normalmente pensamos sobre a capacidade de não desistir e de esperar pelo momento correto; mas ela significa muito mais do que isso. Paciência (do latim *patior*, sofrer) realmente significa a capacidade de suportar dificuldades. Gosto muito da definição do *Dictionary.com*: "Suportar provocação, aborrecimentos, falta de sorte ou dor, sem queixas, sem perder a calma, sem irritação ou coisas semelhantes". Isso resume muito bem o que é paciência.

Vista dessa maneira, podemos compreender por que a paciência é uma virtude importantíssima, se desejarmos alcançar a paz de

5 Tradução livre [N.T.].

espírito. Coisas ruins e difíceis sempre irão nos acontecer, mas se todas elas nos tirarem do sério, ficaremos à mercê da sorte, com altos e baixos. Se nossa paz de espírito pode nos ser roubada assim que alguém nos "fecha" no trânsito, que tipo de paz é essa? Se estamos felizes quando as coisas vão bem e de mau humor quando não vão, nunca encontraremos uma serenidade verdadeira e duradoura.

Isso é certamente verdadeiro em relação às coisas grandes que podem dar errado na vida, mas também com as pequenas coisas. Sem fazer muito esforço posso pensar em alguns acontecimentos que me deixam mais irritado do que deveriam. Por exemplo: não gosto de reuniões demoradas; não gosto de chamadas telefônicas demoradas; realmente abomino o modo do agir passivo-agressivo. Se eu me desse algum tempo para pensar sobre o assunto poderia indicar mais algumas coisas. Mas não tenho a menor dúvida de que as pessoas ficam irritadas com minha tendência de evitar reuniões e chamadas telefônicas longas e com a maneira como reajo a um comportamento passivo-agressivo.

Se escolhermos nos concentrar nas coisas que nos incomodam, nunca estaremos em paz, mas sim à mercê daqueles que estão à nossa volta. A serenidade para aceitar as coisas que não podemos modificar deve envolver a capacidade de ser paciente com essas coisas e de decidir que elas não irão alterar nosso estado de espírito ou nosso coração. Durante reuniões demoradas eu oro: "Jesus, conceda-me uma pequena porção da paciência que você tem diariamente para comigo".

Considerando o fato de não podermos evitar todos os problemas da vida, temos uma escolha a fazer em relação ao modo de lidar com o que atravessa nosso caminho. Podemos viver amargurados e tristes devido às infelicidades que nos afligem e aos problemas que estão na esquina, ou podemos escolher viver em paz – apesar de nossas provações e tribulações –, confiantes de que nada pode nos acontecer que não possamos resolver com a graça de Deus.

Quando falamos sobre a serenidade para aceitar as coisas que não podemos modificar, obviamente estamos nos referindo especialmente às coisas negativas que não podemos mudar e também à paciência; ou seja, sobre a nossa capacidade de viver em paz duradoura, apesar dos aspectos negativos de nossa vida que, se pudéssemos, mudaríamos.

Mesmo que não seja um estudioso da Bíblia, você provavelmente estará familiarizado com o famoso "Hino à caridade" de São Paulo (1Cor 13). Todas as pessoas que assistiram a casamentos cristãos puderam ouvir essa passagem bíblica, como exortação aos casais para que levem mutuamente sua vida de casados com um amor verdadeiro. Nesse texto São Paulo lista uma série das qualidades do amor: "O amor é benfazejo, não é invejoso, não é presunçoso nem se incha de orgulho; não é interesseiro, não se encoleriza, não leva em conta o mal sofrido". E continua: "Não se alegra com a injustiça, mas fica alegre com a verdade". Mas de todas essas qualidades maravilhosas, aquela que encabeça a lista é a paciência: "O amor é paciente". Verdadeiramente, nunca poderemos amar se não formos capazes de suportar os defeitos e as deficiências da outra pessoa. O amor que não é paciente não é amor verdadeiro. E como podemos ser verdadeiramente serenos se formos incapazes de amar?

Se o amor é paciente e Deus é Amor, segue-se que Deus é paciente. Essa lição me foi ensinada por um senhor em uma de minhas paróquias anteriores. Scott e sua esposa estavam passando por momentos terríveis quando ele veio a mim em busca de um conselho espiritual. Pouco depois de eles se casarem, Scott começou a perceber que o descontrole e a raiva de sua esposa eram muito mais sérios do que ele pensava. No período de namoro ele tinha vislumbrado o que pensou ser um problema, mas nada comparado ao que estava testemunhando no casamento. O que costumavam ser discordâncias racionais agora eram ataques com gritos, que às vezes chegavam a ser físicos. Durante todo o dia de trabalho Jill mandava mensagens de texto com o objetivo de envolver Scott novamente na briga que haviam tido mais recentemente. Quando Scott finalmente me procurou, era um homem derrotado. Estava constrangido porque seu casamento recente estava fracassando de maneira muito rápida. Sentia-se como se fosse um marido abominável e temia que sua filha recém-nascida sofresse o impacto psicológico de crescer em um ambiente cheio de raiva.

Após um par de sessões de trabalho espiritual, recomendei a Scott que ele e Jill procurassem um terapeuta de casais. Como Scott previu, Jill se recusou a ir. No entanto, três meses mais tarde, quando Scott se mudou para um hotel, querendo evitar aquele ambiente violento, Jill concordou em procurar um conselheiro, sendo diagnosticada como portadora de distúrbio bipolar. Quando Scott veio me dizer isso, ele estava todo sorrisos. Nessa sua atitude pude perceber a existência de um grande progresso. Se não fosse isso, por que ele estaria tão feliz? Mas, na verdade, as coisas não estavam melhores, pois Jill rejeitou o diagnóstico do terapeuta e se recusou a ser tratada. A mim, isso pareceu uma notícia horrível, mas Scott viu a situação de uma maneira diferente. – Minha esposa está doente [disse ele], a mulher com que me casei e que eu amo precisa de um médico. A razão pela qual ela não quer seguir as ordens do terapeuta é que sua doença a faz pensar que ela não está doente. Não é culpa sua; simplesmente significa que vou ter de me esforçar mais para conseguir que ela melhore sem a ajuda dela.

Seis meses mais tarde, Scott veio me ver. Quando perguntei como ele estava, respondeu que estava indo muito bem.

– E a Jill?

– Ela ainda está muito doente e ainda não quer ajuda. Mas acho que está chegando ao ponto em que é possível que ela concorde em voltar ao conselheiro ou ao médico.

Aquilo não me pareceu bom; sob todos os aspectos as coisas tinham piorado para Scott. Jill tinha mais motivos para achar que ele estava contra ela, agora que ele e o terapeuta concordaram que ela precisava de ajuda. Ela tinha mais motivos para estar zangada. Mas nunca me esquecerei da maturidade espiritual que Scott expressou naquele encontro. Ele ainda estava devastado, mas já não estava desesperado.

– Como é que você está se virando? [perguntei]. Você está bem?

– Surpreendentemente, estou indo muito bem [disse-me]. O primeiro momento crítico para mim foi quando compreendi que a Jill estava doente. Mas o grande momento surgiu quando eu estava sozinho sentado na igreja, no meu caminho para a casa, saindo do trabalho. Estava tentando juntar forças para ir para casa e enfrentar a Jill. Não sei o que foi. Não era uma voz do céu ou qualquer coisa assim, mas de repente pensei como Deus tinha sido paciente comigo no curso de minha vida. E subitamente me vi pelos olhos de Deus, como o doente necessitando de paciência. Quando fui para casa naquele dia abracei Jill pela primeira vez em muitos meses. E todos os dias desde então venho tentando fazer uma coisa especial, uma surpresa carinhosa para ela a cada dia que passa. Às vezes ela interpreta mal. Mas lá no fundo eu sei por que estou fazendo isso. Como um seguidor de Jesus, que carregou o peso de meus pecados, sou chamado a carregar pacientemente o peso daquela que amo.

Paciência também significa a capacidade de esperar. Uma das dificuldades que a paciência suporta é o fato de que as coisas, em determinadas ocasiões, ocorrem lentamente. Também nesse sentido a paciência é uma virtude bíblica. Todos os salmos nos dizem para manter a calma à espera da vinda do Senhor. O Sl

27,14, por exemplo, nos exorta: "Espera o Senhor, sê forte; tenha ânimo e espera o Senhor!" A espera exige coragem. Ela exige ânimo (*stoutheartedness*, algo como um coração forte – Que palavra grandiosa!). Se não esperarmos não receberemos as muitas bênçãos que o Senhor tem a intenção de nos dar. O Senhor não é um Deus de "jeitinhos rápidos" e de mudanças a cada quinze minutos, e sim um Deus de promessas de longo prazo e verdadeiramente eternas. Portanto, nossa paciência é exercida não só uns com os outros, mas também com o próprio Deus! No final, é esperando pelo Senhor que aprenderemos a confiar nele, porque Ele responde com o passar do tempo.

A boa notícia é que a paciência é uma virtude ricamente recompensada. Deus *é* fiel; Ele cumpre suas promessas.

*Senhor, não sou muito bom em questão de paciência. Mas hoje carregarei, com fé e amor, seja qual for o peso que você permitir; por amor a você e amor àqueles ao meu redor. Conceda-me a graça de esperar com uma esperança confiante, porque sei que você será fiel às suas promessas.*

# 5

# Deus nunca nos deixa sozinhos

Quando falamos sobre aceitar as coisas que não podemos modificar reconhecemos nossa impotência diante de muitas das realidades de nossa existência. Não podemos ficar mais altos (o instrumento de tortura nunca funcionou realmente), não podemos ficar mais inteligentes (embora ver menos TV provavelmente ajudaria), não podemos ficar mais jovens (não importa quantas horas passamos na academia) e não podemos ficar muito mais bonitos (as tentativas para isso geralmente dão errado). Mas isso é apenas o começo. Se fizéssemos uma lista das coisas na vida que não podemos modificar ela teria quilômetros de comprimento. Não podemos solucionar a fome no mundo, não podemos resolver o déficit do governo federal, não podemos curar o câncer e não podemos mudar as outras pessoas. No final das contas, a lista daquilo que *não podemos* modificar simplesmente se sobrepuja àquelas poucas coisas que podemos modificar.

Refletir sobre o desequilíbrio entre aquilo que podemos modificar e aquilo que não podemos seria um tanto deprimente se nós também não meditássemos sobre a presença e a ação de Deus em nossa vida e no mundo. Deus pode mudar todas essas coisas se Ele assim o desejar, mas se Ele não o deseja, então não precisamos nos preocupar. Temos essa confiança porque Deus nos diz repetidamente nas Sagradas Escrituras que Ele está conosco, que Ele se preocupa conosco e que irá fornecer tudo aquilo que precisamos. No Sl 23 o salmista ora: "Se eu tiver de andar por vale escuro, não temerei mal nenhum, pois comigo estás".

Viver com fé na presença constante de Deus constrói o contexto para enfrentar a realidade de nossas limitações. Somos criados para acreditar que somos livres. Vivemos em um país livre, temos livre-arbítrio e vamos aonde queremos ir, livres de restrições. No entanto, a honestidade nos obriga a reconhecer os verdadeiros limites de nossa liberdade. Há tantas coisas que simplesmente não podemos fazer. Às vezes somos limitados por impossibilidades lógicas (como não ser capaz de fazer um círculo quadrado); outras vezes nossas limitações são físicas e algumas vezes são intelectuais ou morais.

Aceitar as coisas que não podemos modificar começa com o reconhecimento dessa realidade imperfeita. Antes de obter serenidade, coragem e sabedoria, temos de confrontar os fatos. Há coisas em nossa vida que não estão certas. Poucas pessoas amam seus empregos. O casamento, mesmo que seja bom, é muitas vezes mais difícil do que aquilo que teríamos imaginado no dia em que casamos. E nossos vícios e hábitos, todas aquelas coisas que impedem que sejamos pessoas melhores, e mais bem-sucedidas, são reais e presentes. À medida que a vida passa, essas realidades nos forçam a rever os sonhos e as expectativas de nossa juventude.

Nossas imperfeições e limitações podem nos levar a adotar uma visão de mundo pessimista na medida em que nossos ideais vão encolhendo e a realidade parece cada vez mais um trabalho penoso. Mas isso não precisa ocorrer; um autoconhecimento e uma aceitação mais profundos podem nos levar, em vez disso, na direção de uma fé mais profunda.

Os limites à nossa liberdade impostos por nossa realidade não têm de diminuir nossa dignidade como pessoas; pelo contrário, eles podem nos enobrecer. Nossas fragilidades nos permitem necessitar dos outros e ocupar nosso lugar diante de Deus na certeza de nossa dependência dele. No decorrer de nossa vida o "duro individualismo" que veneramos acaba sendo uma ilusão. Uma parte do ser humano é frágil. Essencialmente, nós somos muito mais frágeis do que gostamos de admitir.

Se ainda não entregamos nossas vidas a Deus completamente, nossa fragilidade é um bom motivo para estarmos temerosos. Mas quando aprendemos a orar como Jesus nos ensinou ("venha a nós o vosso reino, seja feita a vossa vontade, assim na terra como no céu") nossa fragilidade passa a ser nossa força. Somos fortes o bastante para orar pela intervenção de Deus. Somos fortes o bastante para admitir que somos fracos; somos fortes o bastante para gritar diante de Deus como crianças necessitadas. Somos fortes o bastante para orar para que a vontade de Deus seja feita, não importa qual seja. Essa é a genialidade espiritual da afirmação comovente de São Paulo: "Pois quando sou fraco, então sou forte" (2Cor 12,10).

Essas palavras do Pai-nosso exigem ainda mais humildade: "O pão nosso de cada dia nos dai hoje..." Jesus não nos diz para rezar por segurança na aposentadoria; não nos diz para rezar por riqueza; não nos diz para rezar por soluções finais. Em vez disso Ele nos diz para pedir aquilo que necessitamos hoje! O Deus do universo, que poderia suprir qualquer necessidade imaginável, quer que eu seja alimentado por Ele um dia de cada vez!

Como Deus, por definição, é perfeito e não precisa de nós, seu desejo para que sobrevivamos graças a Ele, dia a dia, deve ser para nosso próprio bem. Testemunhei muitas pessoas ditas normais se transformarem em almas muito sagradas e felizes, precisamente pela experiência de se tornarem dependentes do "pão diário" vindo de Jesus. Meu Tio Dexter foi durante muitos anos arquiteto em uma grande empresa na cidade de Nova York. Obcecado pelo trabalho, segundo o que ele mesmo dizia, Dex trabalhava horas a fio durante a semana e a maior parte dos fins de semana, e dava 100% de si para o sucesso da empresa. Em consequência da crise financeira de 2008, a construção civil em Nova York sofreu uma redução considerável e a empresa de Dex foi obrigada a fechar. Hoje, com sessenta e poucos anos, Dex se viu desempregado e em um mercado de trabalho que valoriza profissionais jovens, dispostos a trabalhar por nada. Tio Dex procurou um novo emprego durante mais de um ano, sem nenhum sucesso. Ele e a esposa, minha Tia Mary Ellen, relutantemente deixaram a cidade e ir para o Texas em busca de novas oportunidades. Foi um golpe doloroso, pessoal e profissionalmente.

Quase imediatamente após chegar em Austin, Tio Dex ficou muito doente. Perdeu muito peso e não tinha energia. Também sentia muita dor. Mês após mês, e depois ano após ano, minha tia e meu tio passavam horas em consultórios médicos e hospitais, e tentaram todos os procedimentos que poderiam lhes oferecer um diagnóstico. Mas até o momento não encontraram uma resposta clara. Dex ainda vive com muitíssimas dores.

O que a maioria das pessoas não sabe é que durante o último ano na cidade de Nova York e nos primeiros meses em Austin, Deus estava trabalhando horas-extras na alma de Dex, e ele estava cooperando. Sem ninguém saber, Dex começou a voltar para a Igreja e se matriculou em um curso de educação religiosa para adultos. Ele manteve sua caminhada de fé à medida que discretamente abria sua alma para Deus.

Não sabia da gravidade dos problemas de saúde do Tio Dex e da intensidade de sua viagem espiritual até que passei alguns dias com eles em Austin. Foi então que ouvi Mary Ellen e Dex falarem pela primeira vez sobre como orar pelo "pão de cada dia" – a graça de Deus para o momento presente tinha transformado suas vidas. Mais tarde, Dex me descreveu isso em uma carta.

> Oi, Jonathan,
>
> Acho que mencionei a você sobre as muitas vezes que me vi sentado na Igreja de Santo Inácio no meu caminho para o Central Park em nosso último ano em Nova York, sem esperar ou querer qualquer coisa. Acho que foi então que recebi o presente de saber que seja lá o que ocorrer, o amor de Deus por mim e meu amor por Ele iriam garantir sem dúvida alguma que cada dia é completo e cheio de tudo o que eu jamais poderia desejar. Foi um presente lindo e oportuno que me foi dado na casa de Deus.
>
> Tive esse presente reafirmado em meu coração quando, mais tarde, fui crismado.
>
> Mais ou menos na mesma época de minhas visitas àquela igreja, um padre que sabia que íamos deixar Nova York, com a ansiedade de não saber se eu encontraria logo um emprego, falou comigo e com Mary Ellen sobre fazer planos. Ele nos lembrou de que planejar para o futuro é uma boa coisa... mas não para um futuro muito distante. É nossa vida cotidiana juntos – amando-nos, amando Deus e amando nossos vizinhos – que irá manter o pão de cada dia fresco e nutritivo. Planeje para um futuro muito distante... e o pão ficará velho: "...você sabe [disse ele] como o maná que caiu no chão e fica lá, apodrece!" E ele riu.
>
> Nunca nos esqueceremos de sua carinhosa despedida.

Havia mais coisas na carta de Tio Dex, mas antes de continuar a ler, você percebe como Deus estava trabalhando nos bastidores em sua vida? O objetivo de Dex era bom e era urgente: encontrar um novo emprego. Mas o objetivo de Deus para ele era muito maior e ainda mais importante: dar a Dex a paz duradoura que ele estava buscando por meio de uma relação pessoal consigo. Deus também estava preparando Dex para um desafio muito maior que ele logo teria de enfrentar.

> Então surgiu minha doença inesperada. O enervante processo de tratamento e as questões paralelas que ainda exigem atenção deram a mim (e a Mary Ellen) um sentido ainda mais pleno à mensagem de nosso amigo padre em Nova York: "O pão nosso de cada dia nos dai hoje".
>
> Vi como minha família e meus amigos estavam preocupados... como eles me viam doente como nunca tinham me visto antes. Meu filho Matt disse: – Papai, isso não parece nada com você. Você nunca esteve doente.
>
> E eu pude ver sua descrença e sentir seu temor e confusão.
>
> O amor de Mary Ellen por mim e sua determinação de fazer com que eu ficasse bem nos aproximou ainda mais.
>
> Mas percebi em cada membro de minha família e em alguns amigos – preocupados, confusos, carinhosos, apoiando-nos – o sofrimento que minha doença estava lhes causando.
>
> Tentei mostrar progresso. Todos os domingos pela manhã eu não faltava às reuniões de educação religiosa para adultos em preparação à Confirmação. Nelas, todos os aniversários eram comemorados, como também o Dia das Mães, o Dia dos Pais... e datas especiais

> passavam a ser ocasiões felizes, como churrasco e tardes nadando. Tudo isso nos aproximou e proporcionou momentos felizes.
> Mas a preocupação e o sofrimento da família eram constantes, apesar dos momentos aparentemente descontraídos. Estes eram apenas uma maneira de tentar se desconectar da dor e do sofrimento de uma pessoa querida.
> A perda do sentimento confortável do cotidiano e a da estabilidade na família estavam lá. Eu me preocupava ainda mais com as consequências de minha doença nas pessoas próximas a mim.
> Mas em meio a esse novo desafio tão significativo, no final de cada dia – sem saber, no começo do dia de onde ele viria ou o que seria –, Mary Ellen e eu agradecíamos a Deus por seu grandioso presente daquele pão nosso de cada dia... Graça ou bênção inesperada, força e apoio inexplicáveis.
> O presente era invisível e imensurável, mas estava em nossos corações... O poder protetor recebido na igreja... a presença de Deus...

A grande graça de Dex foi ter aprendido por experiência própria que Deus nunca nos deixa sós, e que se Ele permite isso, nos dá tudo aquilo de que precisamos não só para passar pelas dificuldades, mas também para nos tornarmos melhores graças a elas.

Deus desempenha uma parte muito maior em nossas vidas do que jamais saberemos. Ele está em atividade mesmo quando não podemos vê-lo. Jesus compara essa ação do Espírito Santo ao vento (Jo 3,8): não podemos vê-lo; só podemos sentir seus efeitos. Joseph Ratzinger – posteriormente Papa Bento XVI – escreveu que "Deus não é prisioneiro de sua própria eternidade nem limitado ao unicamente espiritual; [...] Ele é capaz de operar aqui e agora, no meio do meu mundo"[6]. Por mais distante que Ele às vezes possa parecer, na verdade está muito mais próximo do que podemos imaginar. Ele é nossa rocha e nossa fortaleza. Quanto mais dependermos dele, mais tranquilos nos tornaremos.

Portanto, nossa incapacidade de mudar certas coisas não significa uma resignação preguiçosa, fatalidade ou derrotismo, e sim um realismo estimulante. Aceitamos a aventura da vida humana da maneira que ela é, em todo seu esplendor e mistério. Isso também nos desafia a crescer em nossa confiança em Deus. Ele irá mudar aquilo que quer mudar, e nós simplesmente deveremos trabalhar o restante, sabendo que não estamos sozinhos.

O Programa de Doze Passos, originalmente desenvolvido pelos Alcoólicos Anônimos, enfatiza o princípio da aceitação serena daquilo que somos impotentes para mudar, junto com um confiante movimento na direção de Deus. O primeiro passo requer uma admissão sincera de nossa total impotência e especificamente (no caso da AA) uma impotência para vencer o alcoolismo. No segundo passo, reconhecemos um "Poder Superior", um poder "maior do que nós mesmos" que, sozinho, pode solucionar o problema. Já o terceiro passo envolve "a decisão de entregar nossa vontade e nossas vidas aos cuidados de Deus, como o compreendemos".

Se sofremos ou não com um vício, admitir que somos impotentes com relação a muitas coisas é um passo gigantesco na direção da paz interior, porque isso nos leva a nos apoiar confiantemente no verdadeiro Poder que pode mudar todas as coisas.

No coração dessa lição espiritual está a verdade de que Deus é real e extremamente bom. Começamos a Oração da serenidade não nos voltando para nosso interior, e sim para fora, dirigindo-nos a Deus como "Senhor". Reconhecendo nossa necessidade, nós lhe

---

6 RATZINGER, J. *Introduction to Christianity*. 2. ed., 1969, II-1 [reimpr.: São Francisco: Ignatius, 1990, 2004].

pedimos: "Senhor conceda-me..." Estamos agindo a partir da fé na existência de Deus, em sua capacidade de ajudar e em sua promessa de que Ele irá agir.

*Senhor, agradeço-lhe por aquelas coisas em minha vida que me revelam minha necessidade do Senhor. Confio a seus cuidados não só minhas esperanças e desejos, mas também minha fragilidade e meus pecados. Tome, Senhor, receba tudo aquilo que sou e quero ser. Hoje eu lembrarei a mim mesmo que o Senhor não me deixou sozinho e que estará sempre a meu lado.*

# 6

# *Se Deus pode modificar alguma coisa, por que não o faz?*

Orando por serenidade para aceitar as coisas que não podemos modificar é quase impossível, em algum momento, não culpar Deus por não modificar essas coisas para mim. A tentação a desconfiar, culpar ou se ressentir dos caminhos de Deus é tipicamente humana: se eu fosse Deus faria as coisas de outra maneira; acho que iria eliminar a fome, as enchentes e os terremotos; teria pensado duas vezes antes de criar certas pessoas que fizeram sofrer tantas outras; certamente os mosquitos poderiam desaparecer sem que ninguém sentisse sua falta; eu também mudaria algumas coisas em mim, eliminando defeitos morais e físicos.

A maioria entre nós tem "boas ideias" sobre como poderíamos fazer do mundo um lugar melhor. Então por que Deus não o faz? O como melhorar as coisas parece tão claro para nós, e Ele não percebe isso? Será que Ele não se importa tanto quanto nós com as criancinhas que sofrem? Com os pobres que vão dormir com fome? Com as pessoas desempregadas?

Tenho de acreditar que sim, que Ele se importa, e se importa mais, muito mais, do que eu. Assim, Deus se importa tanto conosco, que está disposto a permitir que nosso livre-arbítrio tenha consequências reais. Vivemos em um mundo perdido porque nossos primeiros pais rejeitaram Deus e sua ordem no Jardim do Éden. Eles queriam as coisas à sua maneira e Deus respeitou esse desejo. Assim também, nós queremos as coisas à nossa maneira e Deus respeita isso.

Imagine, por exemplo, que, todas as vezes em que tentássemos fazer o mal, Deus interviesse e nos protegesse dos danos. Seríamos robôs glorificados. O livre-arbítrio exercido sem consequências é ficção.

Deus esteve disposto a riscar a presença de todo o mal deste mundo em troca da oportunidade de participar de uma relação de amor conosco. Para Deus, cada ato do amor das pessoas é muito precioso.

O amor que Deus tem por nós vai ainda mais longe. Embora tenhamos pecado e escolhido fazer as coisas à nossa maneira, Ele nos fez uma promessa de que para cada caso de sofrimento e pecado neste mundo Ele extrairá um bem ainda maior do que o bem perdido e pelo qual padecemos. Vemos o cumprimento dessa promessa mais perfeitamente na pessoa de Jesus Cristo, que deu sua vida para que possamos viver com Ele para sempre na eternidade, onde todas as lágrimas serão enxugadas.

Por essa razão podemos ter confiança de que Deus sabe o que está fazendo. Se Ele não faz as coisas à minha maneira, é minha visão que é ruim e míope, não Ele. Um dia todos nós descobriremos como tudo tinha um objetivo e se fundiu em uma sinfonia maravilhosa da bondade de Deus. Algumas pessoas chamariam isso de otimismo exagerado, ou de uma fé do tipo Polyana, ou de contos de fada. Não acho que seja isso. Minha confiança de que Deus sabe o que está fazendo vem não só da história das interações de Deus com seu povo, como lemos na Bíblia, mas também da própria experiência da bondade de Deus em minha vida.

Quando não entendemos por que as coisas estão ocorrendo de uma determinada maneira há um bom motivo para dar a Deus o benefício da dúvida.

Há muitos mistérios na vida, e talvez nenhum seja tão perturbador quanto o mistério do mal. No último livro que publicou, *Memória e identidade*, o Papa João Paulo II dedicou os seis primeiros capítulos àquilo que ele chamou de *mysterium iniquitatis* – o mistério do mal. Desde o começo dos tempos isso foi um obstáculo tanto para filósofos quanto para pessoas ditas comuns. É tão difícil compreender como um Deus todo-bondade e onipotente permite que coisas más aconteçam no mundo. Parte disso pode ser explicada pelo respeito que Deus tem pela liberdade humana (já que muito sofrimento resulta das más escolhas das pessoas), mas uma grande parte não pode ser explicada dessa maneira. O que dizer de terremotos e enchentes? Criancinhas que nascem com defeitos horríveis? Doenças e calamidades terríveis?

Só pode haver uma explicação satisfatória para tudo isso. De alguma forma Deus pode virar o mal de cabeça para baixo e extrair algum bem dele. Ele tem a capacidade de pegar até mesmo a mais horrível das tragédias e levá-la a um final feliz. No livro de João Paulo II, aquilo que começa como um estudo filosófico do mal encarnado na história se funde em uma reflexão teológica mais ampla sobre as próprias raízes do mal e a vitória da redenção. Para o autor, o mal nunca foi total ou absoluto, ele é sempre delimitado pelo bem. "Se a redenção caracteriza o limite divino colocado ao mal [escreve ele], é apenas por este motivo: porque por meio dela o mal é radicalmente vencido pelo bem, o ódio pelo amor, a morte pela ressurreição". Santo Agostinho também expressou isso muito bem: "Pois Deus julgou melhor extrair o bem do mal do que não permitir a existência de nenhum mal"[7].

---

7 AUGUSTINE. *Enchiridion on Faith, Hope and Charity*, viii.

Penso que essa é a grande revelação da Sexta-feira Santa. Essa celebração anual pontua o maior mal na história humana: o dia em que executamos Deus. Ela significa a rejeição do amor, da pureza, da inocência e da bondade por parte da humanidade, quando nós pregamos Deus em uma cruz. No entanto, do ápice da maldade humana Deus tirou o maior bem: a nossa redenção. Como Joseph Ratzinger escreveu, "No abismo do fracasso humano é revelado o abismo ainda mais inesgotável do amor divino"[8]. Deus tomou o mal e o explodiu, transformando seu veneno em néctar e seu ferrão em bálsamo que cura.

Se Deus é capaz de produzir esse bem imenso a partir do mal da Sexta-feira Santa, certamente Ele pode transformar todos os males menores de nossas vidas em pacotes-surpresa de graça inesperada.

*Jesus, não sei por que certas coisas me aconteceram ou por que pessoas a quem amo têm de sofrer tanto, mas hoje reafirmo minha fé de que você sabe por quê. Senhor, prometo ir adiante com a segurança de que você irá gerar um bem maior a partir de cada ocorrência de maldade e de sofrimento em minha vida e neste mundo. Eu o amo, Jesus.*

8 RATZINGER, J. *Introduction to Christianity*. Op. cit., II, 2, c, 2.

# 7

# Temos tudo de que precisamos

Quando é que você começa a arrumar sua mala antes de uma longa viagem? Meus amigos reclamam muito de mim porque normalmente arrumo a mala a caminho do aeroporto. Como você pode imaginar, também deixo para chegar *imediatamente* antes de a companhia aérea fechar o portão de embarque. Todos nós temos estilos diferentes. Fico impressionado com pessoas que começam a fazer a mala, pouco a pouco, uma ou duas semanas antes da data de partida apenas para garantir que não vão esquecer nenhuma das coisas essenciais.

Eu gostaria de pensar que meu estilo é mais equilibrado, que exibe menos uma necessidade para controlar cada detalhe, mas sei bem que não é. Na verdade, tenho certeza de que meu estilo espontâneo e de me arriscar é apenas outra manifestação do desejo de controlar e criticar aqueles que fazem suas malas antecipadamente. Decido não arrumar minhas malas previamente porque há muitas outras coisas exigindo minha atenção, às quais preciso me dedicar.

Se somos seres humanos "normais" gostamos de estar no controle; é um instinto de sobrevivência. No entanto, o que pedimos a Deus é a serenidade encontrada quando abrimos mão de tentativas inúteis de controlar o incontrolável. Estamos pedindo a Deus a serenidade para largar as rédeas quando, de qualquer forma, ficar agarrado a elas não está fazendo bem para nós.

Um passo importante para alcançar essa serenidade vem da compreensão de que precisamos de muito pouco para ser bem-sucedidos e felizes. Algum tempo atrás, fiquei impressionado com uma passagem do Evangelho que nunca despertara minha atenção: após ter-lhes dito primeiramente que partissem, Jesus enviou os 72 discípulos, em duplas, a diferentes cidades da Palestina. O surpreendente é que Ele não os equipou para a viagem. Pelo contrário, tirou deles não apenas coisas supérfluas, mas até mesmo as que consideraríamos úteis e até necessárias. Suas instruções são tão específicas quanto estranhas: "E disse-lhes: 'Não leveis nada pelo caminho: nem cajado, nem sacola, nem pão, nem dinheiro, nem duas túnicas'" (Lc 9,3).

Quando viajamos, fazemos uma lista mental de todas as coisas de que iremos precisar: escova de dentes, pijama, passaporte, casaco... A lista é imensa. Mas a preocupação de Jesus parece ser que seus discípulos levem coisas demais e esqueçam a mais importante. O que está ocorrendo? Por que Jesus insiste nessa austeridade radical? Ele está lhes ensinando – e também a nós – a confiar. Ele quer que os discípulos não fiquem sobrecarregados e até que estejam um tanto inseguros, de tal forma que possam depender mais da providência divina do que do conteúdo de suas bolsas. Não saberemos o quanto Deus se preocupa conosco até nos desfazermos das muitas seguranças que nos sustentam na vida.

Deus nunca prometeu nos dar tudo o que desejamos na vida, e grande parte daquilo que desejamos não é bom para nós. Até os Rolling Stones chegaram a essa simples conclusão: "Você nem sempre consegue o que quer, mas se tentar, às vezes pode apenas descobrir [...] que obtém aquilo que necessita". Deus não nos equipa muito para nossa missão na vida, mas tampouco nos deixa faltar coisa alguma. Por certo, adoraríamos a tecnologia mais avançada, os funcionários mais bem-treinados, um orçamento ilimitado; no entanto, nos vemos com apenas algumas ferramentas rudimentares para lidar com aquilo que parece uma tarefa gigantesca. Parece que é assim que Deus gosta.

O mesmo se aplica à nossa vida. Quando fazemos um inventário de todos os nossos dons e talentos, muitas vezes eles nos parecem insuficientes. Descobrimos que nos faltam muitas das qualidades que outras pessoas têm, qualidades que seriam muito úteis para nossa missão na vida. Temos deficiências morais, caráter e personalidade imperfeitos. No entanto, é assim que Deus nos fez, e mesmo assim Ele espera grandes coisas de nós!

Quando pedimos serenidade para aceitar as coisas que não podemos modificar estamos pedindo para sermos capazes de dispensar aquilo que Deus não quer que tenhamos e de abraçar nossa dependência dele.

Santo Agostinho observou: "não importa quão rico um homem seja na terra, ele ainda é um mendigo de Deus"[9]. Todas as vezes que rezamos o Pai-nosso somos lembrados de nossa posição como mendigos de Deus. Vamos até Ele com o chapéu na mão. Além disso, não pedimos abundância. Pedimos "o pão nosso de cada dia", e não pão para o mês que vem. Isso significa, obviamente, que amanhã faremos o mesmo pedido, pois não vivemos de nós mesmos, e sim da bondade das dispensações cotidianas de Deus.

Parece-me clara a determinação de Deus de que sempre iremos nos sentir um tanto inseguros em relação a nós mesmos e às seguranças cotidianas, de tal forma que encontraremos nossa segurança somente nele. De vez em quando Deus sacode nossa vida para nos lembrar do quanto necessitamos dele. Nesse sentido estou conven-

---

9 SAINT AUGUSTINE. "New Testament Lessons" – Sermon VI. In: SCHAFF, P. (org.). *Nicene and Post-Nicene Fathers*. Peabody, MA: Hendrickson, 1994, p. 276 [First Series, vol. 6].

cido de que Ele faz isso não para nos diminuir, mas para nos fazer crescer. Ou seja, em vez de colocarmos nossa confiança nas coisas ou pessoas, que provavelmente irão nos desapontar, Ele quer que ela seja depositada em sua verdadeira essência. Realmente, no centro de nossa serenidade está a convicção de que já temos tudo de que necessitamos.

*Senhor, hoje sigo adiante com confiança, sabendo que, com você a meu lado, tenho tudo de que preciso para fazer o que devo. Por amor a você abandono todos os dramas do medo, pois você, Senhor, é o bastante para mim.*

# 8
# A atração pelas posses materiais

Durante muitos anos meu amigo Bob se pareceu com o Rei Midas, ou seja, todas as suas investidas no ramo imobiliário eram bem-sucedidas. Até pouco tempo antes da crise financeira de 2008 ele e sua esposa Christine estavam indo tão bem que, não obstante a origem simples de ambos, passaram a utilizar jatinho particular em suas viagens. Em tudo faziam uso do bom e do melhor. Mas tudo isso mudou a partir de 2008. Apesar dos grandes esforços de Bob em planejar o futuro, mantendo certa reserva financeira e limitando sua exposição a riscos, ele não ficou imune ao profundo impacto da crise. Subitamente, sua companhia e outras posses da família corriam risco.

A situação financeira do casal os abalou espiritualmente. Sempre foram pessoas de fé e cristãos praticantes, mostrando ter profunda confiança em Deus. No entanto, quando a grande recessão atingiu suas finanças, subitamente aquela fé e aquela confiança foram profundamente abaladas. Com isso, a dúvida começou a crescer em seus corações e a amargura substituiu aquele espírito sereno que conhecera neles. Esforcei-me para me manter próximo a eles, mas passaram a evitar contato comigo, e diziam que Deus não os protegera da crise.

Opostamente a eles, conheço famílias igualmente prósperas que passaram por crises semelhantes e saíram delas com muito mais amor a Deus. O que faz a diferença é nossa atitude em relação às bênçãos materiais que Deus nos dá.

O desapego das posses nos permite alcançar a serenidade que buscamos. Elas podem se tornar ídolos que abalam nossa aliança com Deus e nossa confiança nele. Os bens materiais podem nos fazer sentir mais fortes, mais seguros, mais poderosos, e até mesmo superiores aos outros. Para os abastados não existe a preocupação em relação à próxima refeição, mas o mesmo não ocorre com os pobres.

Uma simples pergunta que podemos nos fazer para saber se somos apegados a determinado bem material é se ele ajuda ou não a nos aproximarmos do céu. Se não ajuda, e ainda assim não abrimos mão dele, prova que estamos apegados a ele.

Quando Jesus recomenda que sejamos "pobres em espírito", seu desejo não é de que sejamos infelizes, mas justamente o contrário. A pobreza espiritual consiste no desligamento de tudo o que possa atravessar o caminho de nossa ligação com Deus e de sua vontade em relação a nós. Cristo escolheu a pobreza radical para si mesmo como um caminho para a união com o Pai. Nasceu em um estábulo, em meio a pastores pobres e alguns animais; permaneceu livre de coisas materiais, relacionando até mesmo alimento à vontade do Pai (cf. Jo 4,34); não tinha lugar algum que pudesse chamar de seu, nem mesmo onde deitar sua cabeça (cf. Lc 9,58); também morreu pobre, em uma cruz de madeira grosseira, rodeado de ladrões, e seu corpo foi colocado em um túmulo emprestado (cf. Mt 27,60).

Quando imitamos Cristo em sua pobreza também compartilhamos de sua paz. Ao cristão que vive com seu tesouro no céu e sua confiança em Deus são poupadas muitas das ansiedades que este mundo traz.

Nos salmos lemos sobre homens que confiavam em riquezas. No final viram sua confiança traída e suas esperanças frustradas.

"Os justos verão, temerão e rirão dele dizendo: 'Eis o homem que não punha em Deus o seu refúgio, mas confiava na sua grande riqueza e se tornava forte com seus crimes'" (Sl 52,8-9).

A pobreza espiritual – desligamento de qualquer coisa que não nos encaminha na direção do céu – tem outra função importante: ela nos permite ser livres de preocupações e interesses desnecessários. O místico espanhol São João da Cruz fez uma analogia interessante para mostrar como as ligações com os bens materiais nos impedem de ser verdadeiramente livres. Para ele, qualquer tipo de ligação – até mesmo as menores – pode nos afastar da liberdade pensada por Deus em relação a nós. O santo nos compara a um pássaro que tem o anseio de voar, mas está amarrado pela pata e não pode deixar o chão. "Pois é a mesma coisa se um pássaro está preso por uma corda mais fina ou por uma corda grossa; mesmo que ela seja mais fina, o pássaro estará bem preso como se ela fosse grossa, já que ele não pode rompê-la para ir embora"[10].

O tipo de pobreza que Jesus pede de nós não é um castigo, e sim um presente. Ela não nos prende, mas nos liberta. Ela nos permite caminhar por este mundo como peregrinos que sabem que sua pátria está em outro lugar. A pobreza espiritual evita que nos alegremos demasiadamente com nossos ganhos materiais ou que nos tornemos infelizes com sua perda.

Jesus prometeu que a verdade nos libertaria (cf. Jo 8,32). Um verdadeiro cristão está livre do peso insuportável da ansiedade terrena. Nossa fé permite que sejamos tolerantes com "as profundas flechadas da má-sorte", que não nos regozijemos em demasia com aquilo que tem pouco valor espiritual nem que choremos copiosamente quando a abundância material nos falta. Veja como São Paulo expressou belamente a liberdade e a paz de espírito trazidas pelo desligamento material:

---

10 SAINT JOHN OF THE CROSS. *Ascent of Mount Carmel*, cap. XI, n. 4.

> Não digo isso por estar passando necessidade. Pois aprendi a me bastar em qualquer situação. Sei viver na penúria e sei viver na abundância. Aprendi a viver em toda e qualquer situação: estando farto ou passando fome, tendo de sobra ou passando falta. Tudo posso naquele que me dá força (Fl 4,11-13).

No entanto, essa liberdade interior não ocorre simplesmente, mas é fruto de escolhas reais. Precisamos conscientemente optar por Cristo e contra a dependência do mundo. A pobreza afetiva (pobreza do coração) precisa ter uma expressão eficiente (pobreza na prática). Para sentir a alegria do Senhor precisamos tirar de nossas vidas as coisas e atividades em excesso, tudo o que nos envolve ou distrai exageradamente. Até mesmo as coisas boas passam a ser ruins para nós quando passam a ter importância exagerada em nossa vida, quando percebemos que não podemos ou não queremos viver sem elas.

Quando optamos pela simplicidade removemos as coisas desnecessárias em nossa relação com Deus e libertamos nossa mente e nosso coração para o amor. Isso nos torna livres e leva à serenidade de espírito.

*Obrigado, meu Deus, por todas as bênçãos materiais que você me deu. Elas não são nem merecidas nem necessárias. Liberte meu coração de qualquer ligação com as coisas que estarão aqui hoje e terão ido embora amanhã, de tal forma que eu possa ser livre para amá-lo e amar meus semelhantes.*

# 9
## *Escale uma montanha, depois olhe outra vez*

Uma das produções mais memoráveis de todos os tempos foi desenvolvida por Julie Andrews e Maria von Trapp em 1965 no clássico *A noviça rebelde*. E se alguma cena do filme merece o título de "icônica" é Maria rodopiando nos alpes austríacos cantando "The hills are alive with the sound of music" [As colinas estão vivas com o som da música]. Bem acima do tédio da existência cotidiana nos vales abaixo, Maria encontrou a liberdade no ar livre e fresco das montanhas. Naquelas colinas, ela encontrou a liberdade e a transcendência, ganhando uma nova perspectiva de sua vida cotidiana.

Quando olhamos para baixo, literal ou figurativamente, podemos ver coisas que nos escapam no tumulto diário. Isso nos dá perspectiva e nos ajuda a encontrar serenidade, mesmo quando as circunstâncias não são adequadas ou desejáveis.

Enquanto estivermos presos ao cotidiano, nossa vida parece ser uma corrente sem fim: ouvir o bebê chorar, consertar o ar-condicionado, ir para o trabalho, voltar para casa, levar as crianças para jogar futebol, não dormir o suficiente, perguntar-nos por que nosso cônjuge parece não nos amar como antes, e assim por diante. A falta de sentido de nossas ocupações cotidianas é uma das prisões mais sufocantes, como um operário que tem a função de colocar porca em parafuso milhares de vezes por dia. Isso nos faz sentir que os dias parecem ser os mesmos, e que ao mesmo tempo eles vão nos esgotando.

É exagerado dizer que *tudo* é uma questão de perspectiva, mas os eventos e as circunstâncias de nossa vida podem ser vistos de maneira diferente. Assim, muitas vezes, uma simples mudança de perspectiva pode alterar radicalmente nossa avaliação das coisas, e uma das ferramentas mais importantes que temos para obter uma nova perspectiva é a distância. E, nesse sentido, o antigo provérbio inglês "Não ser capaz de ver a floresta por causa das árvores" é muitíssimo adequado, pois estamos tão imersos em nossos problemas que não podemos ver nada mais; nossas dificuldades são tão evidentes, que elas escondem nossas bênçãos. No entanto, quando nos afastamos dos problemas, passamos a ter uma visão mais clara e equilibrada deles.

Senti isso de maneira profunda quando solicitei aos superiores da ordem religiosa a qual pertencia uma licença de seis meses para trabalhar em uma paróquia na cidade de Nova York, e descobrir se Deus me chamava a fazer parte do clero diocesano. Ao chegar em Nova York soube, quase que imediatamente, que deveria deixar a ordem à qual pertencia. Jamais pude imaginar isso, mas foram como que escamas que caíram dos meus olhos e possibilitaram ver coisas que nunca tinha visto antes. Durante os muitos anos em que pertenci àquela instituição religiosa fui incapaz de ver – ou não quis ver – a óbvia manipulação feita em muitos dos seus segmentos. Assim, premissas falsas que eu adotara durante muitos anos se desfizeram rapidamente, e modos mais saudáveis de abordar as mesmas metas espirituais se evidenciaram. Então fui capaz de reconsiderar julgamentos precipitados que fizera de pessoas e de outras instituições, passando a vê-las mais como Jesus as vê, e quando possível, lhes pedi perdão. Nem toda essa nova luz penetrou em minha mente e em meu coração de um dia para o outro, mas sim uma grande parte. Isso foi um milagre; Deus fez o que nunca pude fazer. Tudo o que eu precisava era de uma nova montanha da qual pudesse olhar para baixo e ver o óbvio, mas para isso precisei escalá-la.

Devo acrescentar que desse novo local de reflexão fui capaz de ver não só o que estava errado nas circunstâncias anteriores de minha vida, mas também o tremendo bem que acontecera comigo, especialmente as pessoas maravilhosas que me rodeavam.

Você se lembra que Jesus muitas vezes ia orar no alto das montanhas ou no deserto; que Ele mantinha distanciamento físico das ocupações cotidianas de seu ministério público para conversar com o Pai e ter visão mais clara de seu ministério. Em um deserto, a aridez do ambiente e a ausência de conforto obriga a nos envolvermos com o essencial. Na montanha, as nossas preocupações diárias parecem muito pequenas e insignificantes, podendo ser vistas sob perspectiva muito mais ampla. Lá também é possível obter serenidade para aceitar as coisas que não podemos modificar.

Como cristãos, somos chamados a ter uma visão "sacramental" da realidade; ou seja, por trás de nosso dia a dia existe uma realidade mais profunda. As circunstâncias de nossa vida nos apontam para espaços que as extrapolam, para verdades espirituais reveladoras de Deus. Isso ocorre não só em eventos extraordinários – como no batismo –, mas também nas pequenas atividades diárias. Deus não atua somente no altar e no centro cirúrgico, mas também, como dizia Santa Teresa de Ávila, "entre tachos e panelas"[11]. Ele pode ser encontrado em qualquer parte, ansioso para que o encontremos. Se Ele está presente entre tachos e panelas, então certamente se encontra nas salas de aula, no quarto das crianças, no escritório, no carro, na sala da diretoria, na cozinha e nos campos desportivos. Ele quer que abramos os olhos da fé para que possamos descobri-lo e viver em sua presença.

---

11 SAINT TERESA OF ÁVILA. *The Book of Her Foundations*, 5.8.

É difícil, na atualidade, nos dirigirmos a montanhas para ganhar uma nova perspectiva, mas podemos encontrar pequenas montanhas substitutas que nos permitem a distância de que precisamos. A mais importante delas é a oração diária. Quinze minutos na presença de Deus podem marcar a diferença entre não vermos nada, além de tristeza e nebulosidade, e desfrutarmos das misericórdias abundantes de Deus. Estar com Ele é estar no céu, e de lá tudo fica mais claro. De certa maneira as colinas da vida participam da atividade carinhosa de Deus. Nesse contexto de aceitação da visão de Deus, não é mais fácil imaginar-se aceitando serenamente aquelas coisas difíceis que não podemos modificar?

*Pai dos céus, você sabe que estou envolvido em muitas coisas. Você sabe tudo que tenho em minha mente e como me distraio, afastando-me do mundo espiritual. Acompanhe-me neste dia em todo o meu caminho, para que eu possa ver como você vê, julgar como você julga, amar como você ama.*

# 10

# *A serenidade é possível, não importa o que atravesse nosso caminho*

É relativamente fácil estar sereno naqueles raros momentos em que tudo está dando certo, mas é outra coisa estar sereno quando estamos cercados por todos os tipos de dificuldade que não podemos fazer desaparecer ou modificá-las.

A força espiritual para manter serenidade nos momentos difíceis – especialmente nos piores – vem apenas de um ponto: a convicção de que, se estamos sendo testados, é pela permissão amorosa de Deus e que, se nós deixarmos, Ele fará surgir de nossa dificuldade um bem maior do que jamais poderíamos imaginar.

Embora eu tenha escrito um livro totalmente dedicado ao tema do sofrimento – especificamente sobre como aproveitar o objetivo de Deus e planejar para quando a vida nos maltrata –, jamais vi prova maior de serenidade em circunstâncias impossivelmente difíceis do que em meu amigo Thomas Peters. Ele é referência no campo do ativismo político e religioso. Após três meses de casado com uma jovem maravilhosa, sofreu um acidente de mergulho que quase o levou à morte. Depois de vários meses de cuidados intensivos, operações e terapia, ele escreveu este texto:

Em uma sexta-feira em julho acordei de madrugada com alguém golpeando minhas costas com seus punhos fechados. Estava deitado em uma cama e em lugar desconhecido, sentindo uma dor insuportável que jamais sentira. Havia um tubo na minha garganta e meu corpo parecia incompleto, como se grande parte dele estivesse faltando. Nas horas seguintes pude perceber que o homem que golpeava minhas costas era um enfermeiro tentando expulsar parte do fluido que estava enchendo meus pulmões. Isso foi causado pelo acidente de mergulho que eu havia sofrido três dias antes, fraturando minha quinta vértebra e me causado séria lesão da medula espinhal, lesão que mudou para sempre o curso de minha vida. Não tenho recordação alguma do acidente. Pela graça de Deus alguém me viu boiando de barriga para baixo na água e me arrastou para a praia. Se eu não tivesse sido visto, certamente teria morrido. Também pela graça de Deus, sofri o acidente em um dos únicos dois dias do ano em que um grupo de Técnicos de Emergência Médica (EMT) se reúne para treinamento a cerca de 1km do local do acidente. Com isso, recebi tratamento médico imediato. Se o acidente ocorresse em qualquer outro dia, a ajuda viria de uns 20km dali e eu teria tido uma lesão cerebral. Igualmente pela graça de Deus, perto dali havia um campo no qual um helicóptero de salvamento pôde pousar e me transportar para o Centro Médico da Universidade de Maryland, a melhor unidade desse tipo na América do Norte. Se eu não tivesse sido beneficiado com o melhor tratamento possível e com muita rapidez, minha recuperação teria sido profundamente prejudicada. Ela foi e está sendo difícil. Seis semanas foram necessárias "para me remendarem o suficiente" e pudesse ser transferido para um centro de reabilitação em Washington, DC. Naquelas seis semanas, enfermeiros e médicos lutaram contra infecções e secreções para curar as lesões que meus pulmões tinham sofrido devido à ingestão de água poluída. Fui colocado em um aro de metal na infrutífera tentativa de salvar minha vértebra fraturada, mas precisei passar por uma cirurgia de dois dias para substituir a vértebra lesionada por uma de titânio. Os cirurgiões também fundiram a quarta e a sexta vértebras para fortalecer meu pescoço. Fui entubado e traqueotomizado por duas vezes.

Naquele período recebi constantemente a visita de familiares e amigos, animando-me e compartilhando lágrimas e sorrisos. Mas ninguém foi mais fiel do que minha esposa Natalie; ela não saiu do meu lado o tempo todo em que estive no CTI.

Um acidente sério também pode ser convite para uma recuperação espiritual. Nunca havia sentido a presença tão forte de Deus como venho sentindo desde o acidente. Para um grupo de pessoas, acidentes como o meu põem em dúvida a misericórdia de Deus e até mesmo sua existência. Mas para mim, o fato de eu ter sobrevivido à minha lesão é a maior evidência de que fui objeto da misericórdia e de sua providência. Creio que Deus permitiu que meu acidente acontecesse e me fez sobreviver a ele, dando-me diariamente a oportunidade de receber bênçãos por meio desse fato. O acidente me ensinou o valor essencial defendido pelo "princípio de subsidiariedade": o valor da família e de amigos como a primeira linha de defesa quando as coisas não dão certo. Minha família e meus amigos se ofereceram para ajudar minha esposa e eu de uma maneira que nos deixou surpreendidíssimos. Eles nos traziam refeições; ajudaram a empacotar nossas coisas e mudar de casa; emprestavam-nos seus carros; deram conselhos como, por exemplo, planejar nosso futuro financeiro e cobrir as despesas médicas; organizaram grupos de oração para nós; desenharam pulseiras para ajudar a lembrar as pessoas a orar por nós; e nos ofereceram presentes tão grandiosos que eu precisei recusar, porque aquilo já era demais.

O homem nunca é pobre nem está sozinho se tem bons amigos. Minha esposa e eu simplesmente não poderíamos ter sobrevivido a tudo aquilo se não fosse o empenho de nossos queridos familiares e amigos. O acidente me ensinou mais sobre o presente incrível que é o casamento. Meu pai, por ocasião do meu casamento, disse que o Sacramento do Matrimônio nos dá a graça de fazer o impossível. Conheci pessoas durante esses meses que acham que é incrível, até impossível, que minha esposa e eu tenhamos sobrevivido a um trauma como aquele, estando casados há apenas três meses. Eu lhes digo que ajudou muito eu ter casado com a mulher certa e da maneira correta, e como a Igreja nos ensinou sobre a importância do casamento e de como ele deve ser honrado. Pessoas nos disseram que se inspiraram e ficaram esperançosas pelo testemunho de nosso casamento. – Ele também nos inspira, respondo. Sentimos que é possível enfrentar qualquer coisa, até mesmo um futuro cônjuge paralítico, se nos apegarmos um ao outro, a Deus e a nossos votos matrimoniais.

O acidente me ensinou a ser mais humilde e realista em relação aos meus esforços e contribuições. Antes do acidente eu sentia orgulho de minha autossuficiência e de minha capacidade de ação – e isso ainda ocorre –, mas depois dele passei a reconhecer muito mais de que tudo o que faço e sou vem do Senhor. Certamente não fui o responsável por sair da "beira da morte", e, como me disse um sábio sacerdote, minhas orações e sacrifícios durante essas semanas e meses fizeram mais para ajudar as questões sobre a vida, o matrimônio e a liberdade religiosa do que tudo o que escrevi, disse ou fiz sobre isso antes do acidente. Mas assim que puder reiniciarei minha luta com muito mais força, pois todas essas coisas por que passo me ensinam que a oração é que faz o guerreiro mais forte.

O acidente me ensinou que sou uma obra ainda em processo, e que qualquer coisa que eu faça é para a glória de Deus. Completei meu período de reabilitação ainda no hospital, e o difícil trabalho de aprender a viver sozinho outra vez (com a ajuda tremenda de minha esposa) apenas começou. O mesmo se aplica à exaustiva terapia que farei para recuperar a força e a massa muscular que perdi.

A grande maioria dos indivíduos que sofreu lesão semelhante à minha deixa de andar, mas existe a possibilidade de que poderei vencer essa barreira. Oro a São Judas Tadeu para que esse milagre aconteça. A maioria dos indivíduos que sofreu esse tipo de lesão fica impossibilitada de usar suas mãos – eu tive de escrever esta

> reflexão utilizando uma articulação no dedo mínimo da mão direita em uma tela sensível ao toque; imagine só. Mas por meio da intercessão de São Francisco, estou recuperando algumas das funções de meus dedos da mão esquerda. Há sinais preocupantes de que serei atormentado para sempre por dores neuropáticas, mas aprendi que a dor pode ser oferecida aos céus e não precisa impedir que eu viva uma vida boa e digna. Nos próximos meses me concentrarei na oração, na reflexão e na recuperação, e então saberei mais sobre o que o futuro reserva para mim.
>
> Não me lembro muito bem como isso começou, mas durante uma das muitas noites insones que passei no CTI de Baltimore, sem saber o que me reservavam aquela noite e o dia seguinte, fui inspirado pelo exemplo de Samuel, no Antigo Testamento, e comecei silenciosamente a dizer a Deus: "Fale, Senhor, seu servo está escutando". E essa continua a ser a minha oração. Não sei o que o futuro me reserva. Mas, contanto que eu possa respirar e sejam quais forem os músculos e membros que eu puder movimentar, lutarei para servir ao Senhor e fazer sua vontade. Para que mais serve a vida?[12]

Deus nunca deseja o mal – Ele não causou o acidente de Thom –, mas permite que passemos por um mundo muito imperfeito. O que fazemos com os nossos problemas depende de nós; fica a nosso critério escolher viver na amargura e no ressentimento ou confiar no cuidado providencial de Deus. E na escolha de rejeitar ou aceitar as

---

12 *Thom Peters Recovery Blog* [Disponível em http://www.tpetersrevovery.blogspot.com/].

coisas que não podemos modificar a serenidade de espírito é componente muito importante.

Santo Agostinho escreveu: "Nossa peregrinação na Terra não pode ser isenta de dificuldades. Progredimos por meio delas. Ninguém se conhece realmente a não ser por meio da dificuldade, ou recebe uma coroa senão após a vitória na luta contra um inimigo ou as tentações"[13]. Em outras palavras, à luz da eternidade, por mais dolorosas que nossas dificuldades possam ser, elas podem trazer grandes recompensas para nossa vida à medida que aprendermos a viver serenamente com o conhecimento do poder e do cuidado de Deus.

A Bíblia faz um grande esforço para nos mostrar que Jesus foi testado de todas as maneiras que nós somos. Todos os anos, no Tempo da Quaresma, a liturgia nos recorda as tentações que Ele teve no deserto e de como se saiu vitorioso. Jesus é a nossa força e a garantia de nossa vitória. São Paulo também nos afirma que jamais seremos tentados além de nossas forças. Deus não é injusto e nunca permitirá que qualquer coisa nos ocorra além de nossa capacidade de vencê-la, com sua graça.

O grande santo e estudioso Tomás de Aquino – em uma das muitas orações que nos deixou – pede a Deus que nem triunfos nem provas difíceis venham a perturbar sua paz ou alterar sua determinação. "Concedei-me, Senhor meu Deus [escreve ele], que eu nunca possa perder força no sucesso ou no fracasso; que eu não seja orgulhoso na prosperidade nem desalentado na adversidade. Deixai-me regozijar somente naquilo que nos une e entristecer-me só naquilo que nos separa"[14].

---

13 De um comentário sobre os salmos.

14 Oração atribuída a Santo Tomás de Aquino (1225-1274).

*Jesus, as dificuldades diante de mim parecem aumentar com o tempo, mas eu as aceito como parte de seu projeto para mim; não as rejeito. Aceito-as como uma parte essencial de minha jornada até você. Dê-me sua graça para enfrentá-las dignamente.*

# 11

## *Sendo responsáveis por nossa história*

Falei anteriormente sobre os Alcoólicos Anônimos e sobre o Programa de Doze Passos que transformou tantas vidas. Os três primeiros passos nos pedem para que reconheçamos nossa impotência e o poder de Deus para curar. Os três passos seguintes vão em direção ligeiramente diferente. Eles exigem honestidade radical, uma espécie de "confissão" de onde estamos e de como chegamos a essa situação.

O quarto passo é dedicado a fazermos "um inventário moral profundo e sem medo de nós mesmos". Que linha grandiosa! Esse "inventário moral sem medo" consiste naquilo que muitos conselheiros espirituais chamam de "exame de consciência", no qual expomos nossa vida e honestamente enfrentamos quem nós somos e aquilo que fizemos. Essa honestidade radical é essencial para seguir adiante.

O quinto passo vai mais longe e nos torna ainda menos confortáveis, embora seja profundamente reparador. Somos convidados a admitir "para Deus, para nós mesmos e para outro ser humano a natureza exata de nossos erros". Uau! Isso é difícil. Uma coisa é reconhecer de um modo geral que não somos perfeitos ou que há muitas coisas que deveríamos mudar em nossas vidas. Outra coisa completamente diferente é detalhar isso a outro ser humano. Por mais difícil que seja o quinto passo, ele também é extraordinariamente efetivo. Na Igreja Católica fazemos algo muito semelhante no Sacramento da Reconciliação; por meio de um padre, pedimos perdão a Deus e força para evitar o pecado no futuro. Mas também é muito útil para os cristãos – católicos e não católicos – terem um diretor espiritual – ou similar – para partilharem suas lutas, tentações e progresso espiritual.

Voltando-nos uma vez mais para Deus, o sexto passo nos leva a ter disponibilidade para "remover nossos defeitos de caráter". Nesse contexto percebemos que somente Deus pode consertar tudo o que está roto e curar todas as feridas. Esse sexto passo poder parecer desnecessário, pois quem não deseja que os seus defeitos sejam apagados? Mas, na realidade, muitas vezes não queremos perder todos os nossos defeitos; ficamos apegados a eles. De forma memorável Santo Agostinho orou: "Deus, dai-me castidade, mas ainda não"[15]. É preciso ter coragem para pedir sinceramente a Deus para que Ele nos modifique hoje.

A serenidade para aceitar as coisas que não podemos modificar envolve reconhecer nossas escolhas e suas consequências. Não podemos seguir adiante até fazer isso. Por mais difícil que seja, devemos "ser totalmente honestos", enfrentando a realidade de nossa vida sem hesitar. Assim como um médico não pode nos curar até explicarmos o que está errado, nossa paz de espírito implica radical honestidade conosco mesmos e com Deus.

De forma memorável Jesus declarou que a verdade nos libertaria (cf. Jo 8,32). Mas o que isso significa? Em que sentido a verdade liberta os seres humanos? De que maneira a "verdade" é uma porta para a liberdade humana? Os seres humanos, pelo que parece, são as únicas criaturas capazes de mentir. É verdade que outros animais

---

15 SAINT AUGUSTINE. *Confessions*, livro 8, cap. 17.

se "disfarçam" fundindo-se em seu ambiente ou parecendo ser algo que não são. Os camaleões mudam de cor para combinar com seu ambiente, e a aparência de alguns insetos, como o bicho-pau, imita seu ambiente tão perfeitamente que eles se tornam praticamente invisíveis. Os cachorros, pelo que parece, se aproximam bastante do ato de mentir quando se escondem após terem feito alguma coisa errada. No entanto, no reino animal, estamos lidando mais com táticas de sobrevivência evolucionária do que com atos conscientes de engano. Nós humanos, por outro lado, podemos, voluntária e conscientemente, adulterar a verdade e buscar fazer com que outros acreditem em algo que nós mesmos sabemos não ser verdade.

E ainda pior, temos a capacidade não só de contar uma mentira, mas também de "vivê-la", fazendo do engano a própria cama na qual dormimos e a casa em que habitamos. Podemos até mesmo enganar a nós mesmos, racionalizando nossos erros e nos convencendo de que somos melhores do que realmente somos. Mas essas mentiras que contamos e vivenciamos são, na verdade, uma prisão. Viver na falsidade é como viver aprisionado na irrealidade. Você já percebeu que, quando as pessoas se libertam das mentiras que sustentam, inevitavelmente têm a sensação de profundo alívio e libertação? Elas subitamente sentem como se pudessem respirar depois de estarem sufocadas nas garras da falsidade. As mentiras pesam sobre nós como grandes rochas em nossas cabeças e ombros, e ansiamos por nos livrarmos delas.

De todas as mentiras que dizemos a nós mesmos, a mais perigosa está relacionada às nossas escolhas e decisões. Nossa reação espontânea é nos justificar, defender e racionalizá-las. Mas fatalmente isso será nossa perdição.

A conversão que nos afasta de uma vida baseada em mentiras não exige que contemos a todos os pecados que cometemos antes de optarmos por viver honestamente. Uma vez ouvi Oprah Winfrey dizer em público que às vezes decidir "contar tudo" é, na verdade, uma escolha egoísta. Podemos nos sentir muito bem quando nos livramos dos segredos despejando-os sobre nosso cônjuge, em nosso blog, ou sobre nosso melhor amigo; se isso apenas objetivar nosso benefício, não estamos fazendo a coisa certa. O amor altruísta sempre deverá ser nosso padrão de conduta.

Tive a sorte de conhecer Judy Clark, uma presidiária do Bedford Hills Correctional Facility, em Nova York. A fascinante história de sua conversão passou pela porta da aceitação humilde dos defeitos pessoais. No dia 20 de outubro de 1981 um grupo de radicais armados assaltou um carro-forte em Nanuet, Nova York, levando US$ 1,6 milhão em dinheiro vivo e atirando em um dos guardas, como também em dois policiais. Judith Alice Clark foi a motorista do veículo em fuga.

Presa no mesmo dia, ela foi indiciada em crime triplamente qualificado. Em seu julgamento ela apenas confirmou sua culpa. "A violência revolucionária é necessária, sendo uma força libertadora", disse ao jurado. Judy foi considerada culpada e condenada a prisão perpétua. Quando ela foi presa tinha 31 anos, sendo mãe de um bebê de onze meses e membro da "May 19" – uma pequena organização comunista, mas fortemente unida, que se autodefinia como "uma organização revolucionária e anti-imperialista". Como ela admitiu, sua atividade política, a lealdade a seus "camaradas" e sua "identidade revolucionária" definiram sua vida adulta.

Quando a conheci na prisão, sua mentalidade era totalmente outra. Em seus longos anos de confinamento ela passou a compreender que a profunda honestidade consigo mesma era essencial em seu processo de renovação. Começou a abrir seu coração e sua mente para a realidade daquilo que tinha feito e para a possibilidade de se tornar uma pessoa diferente. Escreveu: "Minha vida na prisão foi, em grande medida, definida por meu enfrentamento da dor e das perdas pelas quais sou responsável e meus esforços para reparar e construir uma vida baseada no remorso, na reparação e na reverência por todas as vidas". Ao reconhecer o que tinha feito e seus efeitos na vida de outras pessoas, Judy encontrou a porta para a redenção. Isso teve consequências profundas em sua vida.

Quando escreveu esse texto ela já tinha cumprido 32 anos de prisão. Lá ela se formou em Ciências Comportamentais em 1990 e fez um mestrado em Psicologia, que terminou em 1993, passando a se dedicar a seu doutorado. Chegou a dar aulas sobre parentalidade às mulheres grávidas e foi conselheira e modelo para as mães que moram com seus bebês em uma unidade especial do presídio. Judy ajudou a reconstruir um programa universitário para o presídio quando os recursos públicos para isso foram eliminados na década de 1990. Como resultado, mais de 150 mulheres receberam um diploma técnico ou de graduação nos dez anos seguintes. Judy mora em unidade especial voluntária com presidiárias que participam do programa Cachorrinhos Atrás das Grades. Esse programa cria e treina cachorrinhos para se tornarem cães-guias de cegos, cães detectores de bombas e cães que ajudam veteranos de guerra com deficiências. E em reação a uma epidemia de Aids na cidade de Bedford Hills (local do presídio) durante a década de 1980, Judy ajudou a fundar a ACE – uma organização tão eficaz, que foi copiada em presídios de todo o país.

Tudo isso aconteceu porque ela finalmente passou a ser responsável pela verdade de sua vida. Em vez de derrubá-la, esse reconhecimento a levantou. Em seu julgamento, defendeu suas ações com unhas e dentes, alegando que os erros da sociedade eram culpa de todos os demais, não dela. No entanto, após algum tempo na prisão, pensando sobre suas ações, foi obrigada a se confrontar com a verdade de que tinha errado. Agora sua postura em relação àquele fato é esta:

> Estou profundamente envergonhada de minhas ações, que contribuíram para a morte de três homens inocentes e para os danos físicos e emocionais de muitos outros. Passei uma boa parte de meus anos na prisão tentando compreender as forças internas e externas que me impulsionaram para um comportamento tão destrutivo e anti-humano. Agora estou tentando viver sob uma ótica muito diferente e responsável.

Nos capítulos seguintes compartilharei mais daquilo que aprendi com a presidiária Judy Clark. Não é fácil admitir nossos próprios defeitos; essas são as verdades mais difíceis de serem reconhecidas. Mas todos nós temos esse tipo de ação: somos capazes de um grande mal e nos enganamos ao achar que não. Nem todas as pessoas assaltam bancos ou cometem assassinatos, mas todos nós temos coisas a nos arrepender. O fato de não sermos criminosos não significa que somos inocentes. Faz parte da serenidade que buscamos aceitar nosso passado, nossas escolhas (boas e más) e suas consequências. Esses fatos simplesmente não podem ser modificados e precisamos de serenidade para aceitá-los.

*Senhor, agradeço-lhe pela dádiva de minha vida, por todos os anos que você me deu nesta linda terra. Sinto profundamente pelas muitas vezes que abusei dessa dádiva, vivendo egoisticamente. Por favor, apague minha vergonha e me dê a graça de ir adiante com um zelo renovado para viver na verdade e no amor.*

# 12

# *Deus o ama, mesmo com suas verrugas*

Apesar daquilo que eu disse anteriormente sobre mosquitos, Deus não comete erros. E, em relação aos objetivos desta obra, Deus não cometeu erro algum ao criá-lo. Você é exatamente aquilo que Ele pensou; seus pais, seus irmãos, seu momento na história, sua vizinhança, suas qualidades e defeitos... tudo foi permitido pela providência divina. Em outras palavras, você é conhecido e amado por Ele, mesmo com suas verrugas. E essa não é a maior das motivações para que você seja sereno?

Um corolário encorajador dessa verdade é que até mesmo os seus defeitos são usados por Deus. Aquilo que você acha mais constrangedor, Ele acha essencial para sua missão na vida. O que você pensa ser a sua maior fraqueza Deus considera uma oportunidade de força. O que você encara como obstáculo Deus vê como um degrau. São Paulo compreendeu isso a partir de si mesmo, com uma descoberta que lhe trouxe grande contentamento. Ele implorou a Deus para que tirasse dele aquilo que metaforicamente descreveu como "um espinho em sua carne". Mas Deus lhe respondeu: "Basta-te a minha graça; pois é na fraqueza que a força se realiza plenamente" (2Cor 12,9). E disso o Apóstolo conclui: "E me comprazo nas fraquezas, nos insultos, nas dificuldades, nas perseguições e nas angústias por causa de Cristo. Pois quando sou fraco, então sou forte" (2Cor 12,10).

Quando você se olha no espelho e vê uma pobre criatura, demasiadamente defeituosa e incapaz de bons atos, naquele mesmo momento Deus o vê como um instrumento de sua graça. Você atingiu uma espiritualidade mais profunda do que a pessoa que se vê como um indivíduo talentoso e capaz, que Deus deveria se considerar privilegiado em tê-la em sua equipe. Durante a missa de encerramento da Jornada Mundial da Juventude em Toronto, em 2002, o Papa João Paulo II utilizou palavras que nos lembram do poder de Deus para nos renovar: "Não somos a soma de nossas fraquezas e fracassos, somos a soma do amor do Pai por nós e de nossa capacidade real de nos tornarmos a imagem de seu filho"[16].

Há uma linda história no Antigo Testamento que exemplifica isso maravilhosamente. Todos conhecem a história de Davi e Golias, como o jovem pastorzinho inexperiente venceu o soldado experiente, nada menos do que um gigante! Mas talvez você não se lembre do que ocorreu antes de Davi sair para o campo de batalha (cf. 1Sm 17,38-39). Ele não tinha proteção alguma contra o inimigo, nenhuma armadura para usar. Então, o Rei Saul emprestou-lhe a sua, pondo um capacete de bronze em sua cabeça e vestindo-o com sua couraça. Mas Davi não se adaptou; percebeu que não podia caminhar usando a pesada armadura de Saul e se despiu dela, indo encontrar Golias com apenas uma atiradeira e algumas pedras bem lisas. Apesar disso, com a ajuda de Deus ele se saiu vencedor.

Uma das lições que podemos tirar é esta: aquilo que às vezes vemos como nossa força acaba sendo nossa fraqueza, atrapalha. Quando nos sentimos impotentes e que dependemos unicamente

---

16 JOHN PAUL II. *World Youth Day 2002* – Homilia ao ar livre. Toronto, 28/07/2002 [Disponível em http://www.vatican.va/holy_father/john_paul_ii/homilies/2002/documents/hf_jp-ii_hom_20020728_xvii-wyd_en.html].

da graça divina, milagres ocorrem em nosso ser. Aquela pesada armadura não consistia a força de Davi, mas sua pequena estatura e agilidade passaram a contar para ele. No entanto, ninguém sabia disso antes que chegasse ao local da luta. Aquilo que é considerado como nosso grande defeito, em muitas ocasiões torna-se ferramenta de Deus para a realização de determinada tarefa.

Você percebe por que, à luz da fé, temos todos os motivos para serenamente aceitar as coisas que não podemos modificar? Se Deus tem o seu jeito – se o deixarmos fazer seu trabalho –, essas coisas se transformarão na ponte que usaremos para atravessar águas turbulentas.

Quando considero os caminhos de Deus, acho que Ele tem senso de humor. Quem jamais iria escolher Moisés, um gago, para ser seu porta-voz diante de todo Israel e do faraó? Quando Moisés foi convocado deve ter pensado: Você deve estar brincando, não é? Você não poderia encontrar alguém mais qualificado? No entanto, Deus não estava brincando; Ele sabia o que estava fazendo. Muitos santos se sentiram terrivelmente despreparados e até desqualificados para aquilo que lhes foi pedido que fizessem. Mantendo-nos nos exemplos bíblicos podemos citar a escolha de Gideão, um simples lavrador, para libertar Israel dos midianitas. Ou Raabe, uma prostituta, que permitiu que Josué conquistasse Jericó. Os próprios discípulos – um grupo de pescadores rudes – eram totalmente incapacitados para fundar a Igreja. Nenhum deles estava treinado para um empreendimento como esse, e todos tinham suas fraquezas morais.

Tudo isso é resumido maravilhosamente nesta declaração de São Paulo:

> Mas o que para o mundo é loucura, Deus o escolheu para envergonhar os sábios, e o que para o mundo é fraqueza, Deus o escolheu para envergonhar o que é forte. Deus escolheu o que no mundo não tem nome nem prestígio, aquilo

que é nada, para assim mostrar a nulidade dos
que são alguma coisa. Assim, ninguém poderá
gloriar-se diante de Deus (1Cor 1,27-29).

Os instrumentos favoritos de Deus são os zés-ninguém, de tal forma que nenhum homem pode se vangloriar diante de Deus. Assim, podemos nos manter serenos ao aceitar as coisas que não podemos modificar, sabendo que Deus pode usar até mesmo nossas fraquezas para mostrar seu poder e nossos defeitos para manifestar sua beleza.

*Deus, você sabe como muitas das minhas fraquezas me incomodam. Você sabe como me sinto incapacitado para aquilo que você pede de mim. Hoje vou assumir plenamente quem eu sou e quem não sou. Só lhe peço para que me mostre o quanto você me ama, até com minhas verrugas.*

# 13

## A misericórdia de Deus não tem limites

Um dos maiores obstáculos para colocarmos nossa confiança em Deus é o fato de termos feito, irreparavelmente, confusão das coisas; quebramos o vaso de porcelana de nossas vidas – e às vezes das vidas alheias –, de tal maneira, que até mesmo o melhor oleiro não poderia consertá-lo. Mesmo que alguém fosse capaz de reunir todos aqueles caquinhos e descobrir como eles se encaixavam originalmente, seria inútil tentar fazer isso. Somos como Humpty Dumpty[17]: todos os cavalos e homens do rei não poderiam juntar novamente nossos pedaços. A sabedoria popular diz: "o que está feito, está feito", e sob a perspectiva humana, isso é verdade: o que está feito não pode ser desfeito. Vemos as cicatrizes em nossa alma, o mal que causamos, e perdemos a esperança de ver esse dano sendo corrigido. Como podemos ficar serenos diante de tragédia tão irreparável?

No entanto, temos o grande milagre da misericórdia de Deus. Parece ser realmente bom demais para ser verdade, e temos medo

---

17 O autor se refere a uma canção infantil inglesa: "Humpty Dumpty sat on the wall / Humpty Dumpty had a great fall / And all the king's horses and all the king's men / couldn't put Humpty together again" [N.T.].

de acreditar nela. Deus é capaz de corrigir nossos erros e remodelar o vaso de porcelana de nossas vidas, e Ele o faz repetidamente; Ele toma até nossos pecados aparentemente imperdoáveis e os transforma em bem. Esse é o mistério da redenção!

A bela santinha de Lisieux, Santa Teresinha, era conhecida por sua confiança ilimitada na bondade de Deus. Ela achava muito natural esperar tudo dele, pois estava convencida de seu grande amor por ela. Isso é difícil para nós porque, ao contrário daquela jovem, ofendemos a Deus muitas vezes e de muitas maneiras. No entanto, Santa Teresinha discordaria de que nossos pecados deveriam ser um obstáculo para confiarmos em Deus. Ela deixou claro que sua confiança na infinita bondade e misericórdia de Deus não tinha nada a ver com o seu bom padrão moral, e insistia:

> Sim, eu tenho a sensação de que, mesmo que tivesse em minha consciência todos os pecados que foram cometidos, eu iria, com o coração partido, arrepender-me e me lançar nos braços de Jesus, porque sei o quanto ama o filho pródigo que volta para Ele.

Pouco antes de sua morte, disse à Madre Agnes:

> Você pode verdadeiramente dizer que se eu tivesse cometido todos os crimes possíveis, ainda teria a mesma confiança; sentiria que essa "multidão de ofensas" seria como uma gota de água jogada em uma fornalha em chamas[18].

O motivo para isso é realmente muito simples. A fonte de nossa confiança em Deus não está em nossas boas obras, como se Ele fosse misericordioso e generoso devido à nossa bondade e merecimento, mas simplesmente porque Ele é boníssimo. Sua misericórdia brilha

---

18 SAINT THERESE OF LISIEUX. *Her Last Conversations*, 07/11/1897, n. 6.

com mais clareza exatamente quando a merecemos menos. Nunca conquistaremos sua misericórdia, mas ela vem como um presente, e não merecido. Essa é uma mensagem importante para todos nós, tanto para os grandes pecadores quanto para os que têm consciência apenas de erros menores. Deus não nos ama mais ou menos em consonância com o nosso bom ou mau desempenho, mas Ele nos ama total, completa e incondicionalmente. Isso significa que o amor divino é imutável, que nada podemos fazer para modificá-lo.

Para mim sempre foi um consolo pensar que Jesus veio para chamar os pecadores. Ele disse que os pecadores são o motivo pelo qual Ele veio à Terra e pelo qual morreu na cruz. Defende sua predileção pelos pecadores dizendo que as pessoas saudáveis não precisam de médico, mas só as doentes. Sinto-me feliz em me reconhecer pecador, pois isso me permite entrar no círculo dos amigos de Jesus.

Certa manhã de sábado, muito cedo, eu estava esperando um trem na Estação Penn, que me levaria a uma praia da costa sul de Long Island. Era meu dia de folga, e por isso usava roupa esporte. Estava sentado a uma mesa de cafeteria comendo um sanduíche, como "café da manhã", quando um senhor se aproximou de mim provavelmente para me pedir dinheiro. Prontamente disse: – Eu adoraria tomar o café da manhã também. O senhor pode me dar cinco dólares?

– Bem, meu amigo – respondi –, que tal se eu comprar um desses sanduíches para você?

– Isso é muito gentil de sua parte, mas compro meu "café da manhã na outra esquina". Sempre compro um brioche *diet* de farelo de trigo com creme *chantilly* em cima.

Ri interiormente, pois fiquei impressionado tanto com sua audácia quanto com seu cardápio para o "café da manhã". Percebi que havia outro cliente observando tudo aquilo. Quando levei a mão ao bolso ele "pigarreou", como se quisesse dizer: "Você é maluco!" Mais por preguiça do que por bondade, decidi me arriscar:

– Olha, vou lhe dar algum dinheiro para comprar seu café da manhã. Mas só gostaria de que me trouxesse um recibo.

A única nota que eu tinha no bolso era de 20 dólares. Não sei bem quem ficou mais chocado, se o outro cliente ou o homem de gosto culinário extravagante que pediu dinheiro.

Cinco minutos se passaram e eu estava a ponto de ir embora. Sabia que teria de olhar para o nova-iorquino conhecedor das mutretas da cidade e admitir minha derrota. Mas justamente naquele momento apareceu aquele senhor com um brioche *diet* de farelo de trigo com *chantilly* em cima, em uma mão, e algumas notas, moedas e um recibo, na outra. Com um sorriso nos lábios ele me olhou e disse:

– Seu troco, senhor. Tenha um bom-dia.

Não recordo de minha reação nem se olhei para o outro cliente. Provavelmente não. Aceitei o troco e disse àquele homem como ele tinha me inspirado, que nem todo mundo teria feito o que ele tinha acabado de fazer, e que era um homem bom. Completei dizendo que era padre. Então ele arregalou os olhos e gritou, enquanto saía da lanchonete: – Ganhei na loteria de Jesus! Entrei em choque, mas de alegria. Não podendo se conter, o homem da outra mesa comentou: – Nunca testemunhei uma coisa tão bonita como esta.

Acredito que o homem do brioche *diet* de farelo de trigo realmente ganhou na loteria de Jesus. Ele fez a coisa certa e viu seu triunfo moral como um sinal da misericórdia de Deus em sua vida.

Há pessoas que costumam dizer: às vezes a vida é como o antigo sistema de fotografia: o negativo é usado para revelar a foto. Isso também parece estar relacionado aos nossos pecados, contanto que aprendamos com eles. Jesus disse a Maria Madalena que não a condenava – obviamente não tolerava o pecado dela. Ele simplesmente disse: – Vai e não peque mais.

Já dissemos que um componente importante da fé cristã é a consciência do poder de Deus para transformar o mal em bem. Isso é especialmente evidente em relação aos nossos pecados. Lembre-se do que Francisco de Sales disse sobre o pecado:

> O escorpião que nos aferroa é venenoso quando o faz. Mas transformado em óleo ele se transforma em um poderoso remédio contra seu próprio veneno. O pecado é vergonhoso apenas no momento em que o cometemos. Transformado em confissão e arrependimento, ele é honorável e traz a salvação[19].

Não é a natureza do pecado, que é mau e feio, que fundamenta esse fato, mas sim o poder de Deus, que é misericórdia infinita.

Em relação à graça, nenhum erro tem a palavra final. Deus sempre irá nos dar as boas-vindas ao voltarmos, não importa a dimensão do nosso passado nem as marcas deixadas em nossa alma. Onde há vida, há esperança. E, podemos acrescentar, onde há esperança, há serenidade.

*Senhor, sei que ganhei na loteria de Jesus. Estou cheio de pecados. Sou egoísta. Não mereço ser chamado de seu filho. Mas você me abraçou e me ofereceu sua misericórdia. Obrigado por morrer na cruz por este pecador que não o merece. Eu o amo e irei me esforçar muito hoje para mostrar misericórdia e amor a todas as pessoas com as quais conviverei.*

---

19 SAINT FRANCIS DE SALES. *Introduction to the Devout Life*, cap. 19.

# 14

## *Gratidão como um caminho para a paz*

A Bíblia hebraica contém uma série de figuras femininas heroicas para nossa edificação. Desde Eva, a mãe de todos os seres vivos, até Débora, a sábia juíza guerreira que governou Israel com mão firme, e Rute, que ficou ao lado de sua sogra Noemi com uma lealdade inigualável, cada uma delas representa virtudes que todos nós somos encorajados a imitar. Essas mulheres fortes, chamadas a viverem extraordinariamente em circunstâncias difíceis, permanecem como modelos atemporais para nós. Outra mulher que merece destaque é Judite, personagem incrível que salvou o povo judeu do exército assírio[20]. Ela era mais sábia do que seus anos de vida, corajosa na defesa de seu povo e fiel a Deus. Com fé e astúcia, venceu e matou um dos mais terríveis guerreiros do mundo antigo, o general assírio Holofernes, libertando Israel das garras da dominação estrangeira.

No entanto, ao lado de sua coragem e sabedoria, outra característica surpreendente de Judite, que muitas vezes passa despercebida, é sua gratidão; virtude que nasceu do reconhecimento

20 Embora o Livro de Judite não pertença ao cânone oficial das escrituras judaicas, faz parte da tradução grega da Bíblia (septuaginta), sendo que muitos estudiosos judeus consideram que ele é uma descrição válida dos eventos contextuais que levaram ao feriado judeu de Hanukkah.

da bondade providencial de Deus em sua vida e na vida de seus companheiros israelitas. Censurando seus compatriotas pela falta de confiança em Deus, apega-se a Ele até mesmo nas maiores dificuldades, sendo-lhe grata e fiel. Talvez a qualidade mais extraordinária de Judite seja agradecer a Deus quando suas bênçãos ficam ocultas. A maioria de nós é grata pelos presentes palpáveis que recebe; no entanto, Judite levou sua gratidão a um patamar muito diferente, vendo até mesmo as dificuldades que vivenciava como bênçãos vindas das mãos amorosas de Deus. No meio de dificuldades tremendas, sem um fim à vista, Judite exortou seus compatriotas nos seguintes termos:

> Além de tudo isso, rendamos graças ao Senhor nosso Deus, que nos põe à prova como a nossos pais. Lembrai-vos de tudo o que Ele fez com Abraão e Isaac, e do que aconteceu a Jacó na Mesopotâmia da Síria, quando apascentava as ovelhas de Labão, irmão de sua mãe. Pois, assim os fez passar ao fogo, para perscrutar seu coração, da mesma forma Ele não está vingando-se de nós. É para advertir que o Senhor flagela os que dele se aproximam (Jt 8,25-27).

Eis um dos paradoxos da vida: provavelmente quanto mais temos, mais nos queixamos quando pequenas coisas não ficam a contento. Como crianças mimadas, achamos que merecemos tudo o que recebemos. Muitos que sofreram dificuldades ou provas, pelo contrário, parecem ter mais capacidade de expressar gratidão quando alguém lhes estende a mão ou quando coisas boas ocorrem.

Pense um pouco sobre uma alma agradecida. Pense igualmente nas vezes em que você foi grato. Para mim, os momentos de gratidão também foram os momentos em que meu espírito estava mais em paz; foram momentos de serenidade e alegria. Quando pedimos a Deus serenidade para aceitar as coisas que não podemos modificar, estamos lhe pedindo que nos permita ver todas as coisas boas que Ele já fez por nós e de sermos gratos por elas.

Não é fácil ser grato. Muitas vezes simplesmente nos esquecemos de agradecer as pessoas por sua bondade; estamos ocupados e simplesmente tomamos as coisas que nos foram dadas, desde a refeição preparada para nós até nossa roupa lavada ou um e-mail de um amigo quando estávamos doentes. Ironicamente, muitas vezes colocamos mais energia para pedir favores do que para agradecer pelos favores que recebemos. Quando precisamos de alguma coisa somos capazes de implorar, insistir, lembrar e prometer. Podemos ser bastante engenhosos para obter o que precisamos ou desejamos. No entanto, ao recebê-lo, parece ser mais fácil ir à procura de outro do que agradecer a pessoa que nos proporcionou esse favor.

Jesus salientou esse ponto com bastante ênfase por ocasião de um de seus milagres mais conhecidos. Se você está familiarizado com as histórias do Evangelho poderá se lembrar da cura dos dez leprosos. Eles gritavam, implorando que Jesus fizesse alguma coisa em favor deles. De longe gritavam: "Jesus, Mestre, tenha misericórdia de nós! (Lc 17,13). Sentindo compaixão deles, Jesus lhes disse para que se apresentassem aos sacerdotes – a verificação da cura era exigida para que eles pudessem novamente fazer parte da sociedade. No meio do caminho eles perceberam que haviam sido curados. Imediatamente um deles retornou, agradecendo a Deus em voz alta. Ao seu aproximar de Jesus, prostrou-se a seus pés e lhe agradeceu – o evangelista indica que esse homem nem era judeu, mas um samaritano. Jesus, demonstrando tristeza, disse: "Não foram dez os curados? E os outros nove, onde estão? Não houve quem voltasse para dar glória a Deus, a não ser este estrangeiro?" (Lc 17,17-19). A seguir dirigiu-se àquele homem e disse: "Levanta-te e vai! Tua fé te salvou".

Por que, me pergunto, Jesus ficou tão triste pela falta de gratidão dos outros nove homens? Talvez Ele tenha se sentido menosprezado, enganado pelo não agradecimento que lhe era devido? Isso não parece corresponder à verdade. Penso que houve uma razão mais profunda para a tristeza da Jesus. O agradecimento nos torna pessoas melhores; é uma virtude de espíritos nobres, pois revela a capacidade de sairmos de nós mesmos e de nosso egoísmo para reconhecer a bondade de outros. Jesus certamente se entristeceu porque tinha a esperança de que seu presente faria dos leprosos homens melhores. Ele queria que seus corações e almas estivessem limpos e curados, não somente sua pele. E porque a gratidão nos faz melhores, ela também nos faz mais livres. Ser capaz de esquecer de nós mesmos por apenas alguns momentos é o primeiro passo para nossa liberdade.

A gratidão de vez em quando vem naturalmente, especialmente quando tudo está indo bem em nossa vida. É relativamente fácil agradecer espontaneamente quando o sol está brilhando em todos os cantos de nossa existência. Outra coisa, no entanto, é estar grato quando os acontecimentos não forem tão maravilhosos. Em determinado momento, precisamos fazer uma escolha, já que em nossa vida há ocorrências boas e agradáveis e outras duras e difíceis. Assim, podemos optar em nos concentrarmos nas coisas ruins ou nas coisas boas e belas. Dependendo de nossa escolha, tenderemos a nos tornar amargos e zangados ou gratos e felizes.

Imagine por um momento que, ao acordar pela manhã, você começa a pensar sobre o dia que lhe espera. Mentalmente repassa suas atividades, com todos os seus altos e baixos potenciais. Você também se lembra do dia anterior, com todos os momentos tristes e difíceis, como também dos bonitos e agradáveis. O que irá ter prioridade em seus pensamentos? O que irá ditar sua disposição e determinar sua percepção para o dia que se inicia? Isso não é apenas uma questão de ter uma disposição natural para o otimismo ou para o pessimismo. Alguns de nós naturalmente têm uma visão positiva da vida, enquanto outros tendem a ver primeiramente o lado negativo. Mas além dessa inclinação natural também escolhemos aquilo em que vamos nos concentrar.

O interessante é que – pelo menos em minha experiência –, quando escolhemos ser gratos também nos tornamos mais confiantes, esperançosos e serenos. Por que isso ocorre? Quando vemos o bem – ou pelo menos o lado bom das coisas – ficamos mais conscientes do quanto de positividade há em nós, de como somos amados e do quanto as pessoas se importam conosco. E esse é o tipo de consciência que provoca uma visão mais esperançosa e confiante: compreendemos que, mesmo que existam coisas que não podemos modificar, vamos ficar bem.

Não precisamos viver em um mundo de ilusões para que nos tornemos mais gratos. Tampouco é preciso interromper nossa crença e nossos sonhos. Tudo o que precisamos é viver com nossos pés no chão e reconhecer as boas coisas que recebemos.

Um dos homens mais brilhantes que já existiram, o grande pensador medieval Tomás de Aquino, escreveu muito sobre as virtudes e procurou classificá-las lógica e sistematicamente. Ele adotou as "virtudes teologais" da fé, da esperança e da caridade, junto com as clássicas "virtudes fundamentais" da prudência, justiça, temperança e coragem, como a base de todas as virtudes. E onde se encontra o agradecimento ou a gratidão nesse sistema? Para esse pensador, a gratidão é uma parte da justiça. Como uma virtude, a justiça nos inclina a dar a todos o que lhes é devido, e a gratidão é aquilo que é devido a nossos benfeitores. Somos, portanto, justos com eles quando lhes somos gratos. Em outras palavras, buscar o bem em nossa vida, agradecendo aqueles que nos ajudaram, faz de nós pessoas justas e leais a Deus e às pessoas que nos circundam.

Portanto, nesse sentido, ser grato é nada mais nada menos do que praticar a justiça. O lado oposto também é verdadeiro, isto é: quando deixamos de agradecer estamos, em certo sentido, sendo injustos com aqueles que foram bons para nós.

Talvez o maior feriado americano seja o Dia de Ação de Graças[21]. Comemorado na quarta quinta-feira de novembro, a data é tradicionalmente associada à comemoração feita em Plymouth, Massachusetts, em 1621. O primeiro dia oficial e nacional de ação de graças foi comemorado em 26 de novembro de 1789, quando o Presidente George Washington o proclamou "como um dia de agradecimento e oração públicos a ser observado, reconhecendo com corações agradecidos os muitos e claros favores do Deus todo-poderoso"[22]. Embora consideremos o Dia de Ação de Graças principalmente como reunião familiar – com peru assado, purê de batata, molho de amora, torta de abóbora e jogos de futebol –, ele tem o seu norte na ideia de gratidão. Somos encorajados a reconhecer os presentes que recebemos e a dar graças aos nossos benfeitores. Essencial nesse feriado é a gratidão a Deus por seu cuidado providencial por nós e nossos entes queridos.

Tudo isso significa o esforço de sairmos de baixo dos entulhos de nossa vida e também vermos nesse fato a beleza de experiência incrivelmente libertadora. As coisas tristes e difíceis de nossa vida ameaçam nos submergir em uma prisão de angústia e autocompaixão. Às vezes nos sentimos tão oprimidos pelo mal e pela tristeza, tão limitados por nossas dificuldades e labutas, que nos falta a mínima motivação para superar esse quadro e fazer alguma coisa. Ser grato é abrir os olhos para a beleza e compreender que há amor

---

21 Embora com raízes históricas diferentes, o dia de ação de graças também é comemorado pelos canadenses. É realizado na segunda segunda-feira de outubro, e foi estabelecido em 1957 pelo Parlamento Canadense.

22 GEORGE WASHINGTON. *Proclamation of Thanksgiving*, 03/10/1789 [Disponível em http://www.churchstatelaw.com/historicalmaterials/8_6_2_1.asp].

e bondade mesmo por trás da dor e das dificuldades. Somos importantes para alguém, que se importa conosco, que nos procura. Por trás dessas dádivas está um doador e companheiro, amante e doador, que é Deus!

Quando você era criança talvez lhe tenham dito: "Conte suas bênçãos". Essa máxima simples transmite uma grande verdade: quando enumeramos todas as ocorrências maravilhosas de nossa vida somos tirados de nós mesmos; emergimos da prisão de todas as coisas negativas que nos prendem como correntes. Ao nos tornarmos gratos pelo que não podemos modificar estamos dando um importantíssimo passo em direção à serenidade que buscamos.

*Senhor, hoje prometo ficar mais consciente de minhas muitas bênçãos. Encontrarei momentos para dizer "obrigado" a você e às pessoas em minha vida que foram boas para mim. Também tentarei lhe agradecer pelas dificuldades em minha vida. Sei que você tem um plano para usá-las para meu bem.*

# 15

## *Tudo tem a ver com a alegria*

É possível que você tenha assistido o celebrado filme do ano 2000 chamado *Chocolate*, no qual a simpática Juliette Binoche desempenhou o papel de Vianne, uma chocolateira ateísta provocadora que "liberta" uma aldeia provinciana francesa que vivia sobre a triste mortalha da moralidade cristã. Vianne monta uma loja de bombons por ocasião da Quaresma e ensina a população da cidade como descobrir a alegria abraçando a tentação em vez de resistir a ela. A mensagem sugerida é que o cristianismo seria o único e maior obstáculo para nossa felicidade.

A moralidade cristã parece muitas vezes ser retratada como uma série de proibições – não faça isso, não toque aquilo, afaste-se disso... E essa não é apenas a visão da cultura popular; ela muitas vezes permeia nossa própria mentalidade. Por exemplo, quantas vezes você respondeu a um convite para alguma diversão dizendo: "Eu gostaria muito, mas não posso. Sou cristão". Essa resposta é semelhante a esta: "Meus pais não me deixam". Com que frequência a fé pareceu mais como uma maldição do que como uma bênção? Como um peso extra na vida, em vez de notícias libertadoras? Isso não parece se alinhar à serenidade de espírito.

Até a mensagem do Evangelho pode parecer severa e inflexível. É Jesus, afinal de contas, quem diz a seus seguidores de maneira muito precisa: "Se alguém quer vir após mim, renuncie a si mesmo, tome sua cruz e siga-me" (Mt 16,24). Quando um jovem simpático vai a Jesus buscando orientação moral, escuta esse conselho: "Venda tudo que lhe pertence, dê seu dinheiro aos pobres e depois venha e me siga". O Mestre resume seus ensinamentos sobre a abnegação com estas palavras: "Pois quem quiser salvar sua vida a perderá; e quem perder sua vida por causa de mim a encontrará" (Mt 16,25).

Tudo isso parece mostrar que talvez os pagãos estejam certos. Será que o cristianismo se resume apenas a más notícias? O estranho é que ele afirma divulgar a mensagem de alegria, boas notícias.

Por outro lado ficamos impressionados com este texto lido por ocasião do Natal?

> O povo que andava na escuridão viu uma grande luz, para os que habitavam as sombras da morte uma luz resplandeceu. Multiplicaste sua alegria, redobraste sua felicidade. Adiante de ti vão felizes como na alegria da colheita, alegres como se repartissem conquistas de guerra. Pois nasceu para nós um menino, um filho nos foi dado. O poder de governar está nos seus ombros. Seu nome será Maravilhoso Conselheiro, Deus Forte, Pai para Sempre, Príncipe da Paz (Is 9,2.5).

E isso é apenas o começo. O Anjo Gabriel saúda Maria com a aclamação: "Alegrai-vos, altamente favorecida, Deus está convosco!" Quando Maria, grávida, visita Isabel, o bebê João Batista salta de alegria no útero de Isabel. E no nascimento de Cristo os anjos proclamam "boas-novas de grande alegria para todo o povo". Já em sua vida pública Jesus anuncia: "Eu vim para que eles possam ter vida e tê-la plenamente", e até mesmo o austero São Paulo convoca os cristãos a serem alegres: "Alegrai-vos sempre no Senhor!

Repito, alegrai-vos!" (Fl 4,4). Em suas últimas instruções aos Tessalonicenses, ele expressa essa alegria como sendo a vontade de Deus: "Estai sempre alegres. Orai continuamente. Dai graças, em toda e qualquer situação, porque esta é a vontade de Deus em Cristo Jesus, a vosso respeito" (1Ts 5,16-18).

O que tudo isso significa para nós, seguidores de Jesus, nos dias atuais? Basta ver o noticiário para que a alegria seja extraída de nós, de tão sombria é a situação do mundo em que vivemos. Identificamo-nos mais facilmente com a oração da Salve-Rainha, quando diz: "gemendo e chorando neste vale de lágrimas". Às vezes a vida simplesmente parece inviável; no entanto, de alguma maneira, seria possível aceitá-la com serenidade?

Já falamos sobre a paz que Jesus prometeu a seus discípulos, uma paz que o mundo não pode dar. E a alegria cristã é apenas isso, é um presente para aqueles que conhecem Deus e o conservam em seu coração. Se tivermos essa paz além de toda a compreensão, se a alegria espiritual borbulha de dentro para fora, seremos capazes de aceitar muitas coisas que não podemos modificar.

Mas isso é difícil de engolir a seco, sem alguma explicação. *Alegria* não significa o mesmo que *diversão*, *júbilo* ou equivalentes. O ato de se divertir é uma maravilha, mas não é tudo o que a vida pode oferecer. Procurada rotineiramente, a diversão passa a ser uma maneira infantil de viver, destruindo a oportunidade de conquistar coisas importantes na vida. Embora os compromissos mais profundos de amor, família, amizade e carreira exijam que fiquemos concentrados, eles nos levam a ter uma satisfação duradoura, que brilha mais do que a mera diversão. Portanto, sendo "sobremesa", a diversão nunca poderá ser o "prato principal" em nossas vidas.

A maior alegria que podemos ter vem de sabermos que somos amados, que Deus nosso Pai nos segura na palma de sua mão, que Ele tem tudo sob controle e que podemos depender dele. Até mesmo a moralidade cristã se torna bela – apesar de suas muitas dificuldades –, quando compreendemos que Deus nos orienta a fazer determinadas coisas unicamente por amor a nós. Longe de serem impostos arbitrariamente para nos manter distantes da diversão, seus preceitos iluminam nosso caminho rumo à alegria verdadeira e duradoura.

Algumas vezes cheguei a me sentir um tanto culpado por estar alegre, como se estivesse sendo insensível aos sofrimentos das outras pessoas: Que direito eu tenho de estar alegre quando tantos outros estão sofrendo? A banda de *rock* Jethro Tull expressa a mesma coisa: "Como é que você pode rir se a sua própria mãe está com fome?" Apesar das boas intenções que estão nesse tipo de atitude, ela está fundamentalmente errada. É verdade que há muita tristeza e injustiça no mundo, mas ser um "cristão rabugento" – nas palavras do Papa Francisco – ou rejeitar a alegria – mesmo em nome da solidariedade com os que sofrem – não torna o mundo melhor. Todos necessitamos de um motivo para ter esperança. Presenciar a alegria verdadeira em outras pessoas nos mostra que esse sentimento é possível de ser atingido. E mais, a alegria pode até mesmo ser contagiosa; ela pode se espalhar a partir de nós, levando outras pessoas a serem também mais alegres. Constantemente me surpreendo, em minhas viagens, com a alegria das pessoas que moram em regiões mais pobres. Chego a dizer que há mais pessoas sorridentes e felizes em regiões paupérrimas da América do Sul, do Haiti e da África do que em muitas partes da Europa. Apesar das privações cotidianas, as pessoas ainda podem sentir alegria.

Sempre me intrigou a admoestação de São Paulo para que as comunidades cristãs praticassem a alegria. Há certo tempo me perguntei: "Como isso é possível? A alegria não é apenas um sentimento, uma emoção que vem e vai por sua própria vontade? Como podemos ser ordenados a nos sentir de determinada maneira?"

Cheguei à conclusão de que de fato há uma alegria espontânea, que nós sentimos sem buscá-la. Mas há também uma alegria que é uma escolha, até mesmo uma virtude. Assim, podemos escolher viver em alegria, dar alegria a outros, e isso parece mais importante agora do que nunca. Anos atrás o grande teólogo suíço Hans Urs von Balthasar escreveu: "No meio de todo o medo que caracteriza nossa era, nós cristãos somos intimados a viver na alegria e comunicar alegria"[23]. Ela é um dom que nós cristãos somos intimados a dar para o mundo.

Uma maneira de nos tornarmos alegres é nos concentrarmos nos presentes incríveis que recebemos por meio de nossa fé. Vivenciar a vitória final que Cristo obteve sobre a morte e o pecado é ter um motivo para ser alegre, não importam as circunstâncias em que vivemos. Jesus compara seu Reino a um tesouro escondido em um campo; ele descreve a pessoa que descobre o tesouro e depois, alegremente, corre para vender tudo que lhe pertence para comprar o campo com o tesouro (cf. Mt 13,44-46). O homem poderia estar triste, pensando sobre todas as coisas que está vendendo, mas não está; ele está concentrado na sua boa sorte em encontrar um verdadeiro tesouro. Sua alegria é simplesmente devastadora. Ou pense em um homem que descobre o grande amor de sua vida e se casa com essa pessoa. Seria muito estranho se ele, no dia do casamento, se dirigisse ao altar demonstrando tristeza e infelicidade por ter deixado para trás todas as outras mulheres no mundo. A alegria de seu casamento elimina os sacrifícios que sua escolha implica.

O que impede que sejamos realmente alegres? É o sofrimento? Acho que não. O sofrimento não mata a alegria; ela é compatível com tudo, exceto com o pecado de um coração dividido. Quando damos a Deus apenas uma parte de nosso coração, apenas uma parte de nossas vidas, sabendo que Ele quer tudo, acabamos tristes e frustra-

---

23 Ibid.

dos. Nosso coração foi feito para amar incondicionalmente, sem limites. A generosidade traz a alegria, enquanto que meias-medidas não o fazem. Pense nas pessoas mais felizes que você conhece. Elas não são as mais altruístas e generosas? Pessoas alegres são também aquelas mais capazes de aceitar as coisas que não podem modificar.

Aqui vai um lembrete ao encerrarmos esta primeira parte de nossa jornada: ao rezarmos a Oração da serenidade – todos os dias ou até mesmo várias vezes ao dia, mais do que compreensão intelectual, estamos pedindo a Deus para fazer um milagre em nossos corações; para que possamos nos tornar homens e mulheres com serenidade, coragem e sabedoria. Esse milagre irá ocorrer se batermos à porta do coração de Deus, se lhe implorarmos que nos dê o dom de uma vida simples, repleta de sua presença.

*Senhor, não tenho nada do que me queixar. Você me deu a vida e o dom da fé. Você me amou e deu sua vida por mim. Hoje, abandono todas as coisas que tentam roubar a minha alegria. Rejeito o pecado e o egoísmo; abraço o amor e a simplicidade. Com sua graça eu escolho me alegrar.*

# PARTE II

## A coragem para modificar as coisas que podemos modificar

QUANDO NOS VOLTAMOS para a segunda parte da Oração da serenidade, gostaria de lhes lembrar, uma vez mais, que façam essa oração todos os dias, e até mesmo várias vezes por dia, à medida que vocês me acompanham nessa jornada para a paz e a alegria que Deus quer para vocês. Fazer a Oração da serenidade é um hábito que ficará com vocês para a vida toda. Crescer em conhecimento espiritual sem também crescer na fé prática e viva é traiçoeiro para o espírito – pode ser uma forma de entorpecer a consciência e endurecer o coração. Você já conheceu algum sacerdote que sabia todas as respostas e conhecia a Bíblia do começo ao fim, mas que tratava mal as pessoas? Isso pode ocorrer com qualquer um de nós, clérigos ou leigos. Podemos ler pilhas de livros espirituais, estudar a Bíblia e ir à igreja, mas nunca chegar a uma relação profunda e pessoal com Jesus, que transforme nossa vida.

Ore, ore, ore. Esta é a forma de ler este livro.

Ao olhar os três elementos da primeira parte da Oração da serenidade – serenidade, aceitação e reconhecimento das coisas que não podemos modificar – ponderamos sobre eles e tentamos entender suas consequências práticas para nossa vida. A segunda parte da Oração da serenidade também tem três componentes – coragem, mudança e coisas modificáveis. Examinaremos mais profundamente esses três componentes, mas seria útil começar tendo uma ideia daquilo que queremos dizer com cada um deles.

Coragem ou bravura é uma virtude. Foi reconhecida como tal desde os tempos clássicos e era considerada pelos antigos como uma das quatro *virtudes cardeais*, junto com a prudência, a justiça e a temperança. Para eles, a coragem é *cardeal* no sentido de que é *central*, uma virtude primordial da qual outras virtudes dependem. Com frequência associamos coragem a guerreiros, e não há dúvida de que o campo de batalha é uma arena na qual a coragem pode brilhar de uma maneira particularmente reluzente. Mas a coragem, especialmente em nossos dias, vai muito além das trincheiras e dos navios de guerra. Ela é praticada por mães que enfrentam dificuldades e até zombaria devido à sua dedicação diária à família, por missionários que muitas vezes pregam o Evangelho com grande risco pessoal, ou por jovens que vivem por seus ideais, não importa a que custo.

Modificar as coisas estabelecidas exige coragem de abandonar o *status quo* confortável para entrar no desconhecido. Também exige sacrifício, pois nada é realizado sem custo. Algumas pessoas são fascinadas por mudança – minha mãe, por exemplo, mudava de uma cidade para outra todos os anos, se pudesse, apenas pela aventura! Outras têm grande dificuldade de modificar qualquer coisa e instintivamente ficam arrepiadas até diante de uma sugestão que altere minimamente sua rotina – meu pai, por exemplo, preferiria nunca ter se mudado de nossa primeira casa; fica mais feliz quando pode manter sua rotina. Às vezes também podemos resistir à mudança em virtude da influência de outras pessoas – algumas pessoas que são importantes para nós podem não querer que mudemos porque isso irá lhes afetar negativamente. Nesse caso é preciso coragem para manter nossa determinação, mas observando a caridade cristã.

A mudança, como sabemos, não é boa nem ruim em si mesma. Para um liberal, por exemplo, toda mudança é boa; mas para o conservador, nada deveria ser mudado. Nenhuma dessas posturas reflete a pessoa sábia, que distingue a boa da má mudança. *Melhoria* é a palavra empregada para a mudança positiva, enquanto que em relação à mudança negativa usa-se a palavra *decadência*, ou seja, dá-se um passo para trás. Portanto, a palavra mudança é vasta, podendo significar crescimento ou encolhimento, progresso ou regressão. Uma lagarta que se transforma em borboleta é um acontecimento maravilhoso; já um peixe morto exposto ao sol durante determinado tempo sofre mudanças desagradáveis. Portanto, nem toda mudança traz progresso. Nesse sentido, devemos estar empenhados em mudar tudo o que precisa ser mudado, mas suspeitar do "mudar por mudar".

Comprometer-se humildemente em modificar tudo aquilo que podemos e devemos exige realismo saudável. Como veremos nos capítulos seguintes, aceitar nossas limitações sem, ao mesmo tempo, permitir que elas freiem nosso entusiasmo, é sinal de grande maturidade e receita de grande fecundidade.

# 16

## *Será que podemos mesmo fazer alguma diferença?*

A aceitação serena é apenas parte da situação. Na Oração da serenidade, é a primeira coisa que pedimos de Deus, e é vital. Mas não é tudo. Deus não nos criou para sermos expectadores passivos diante do palco do mundo. Ele nos recrutou como seus sócios e nos deu liberdade e capacidades para fazer diferença. Pode haver uma miríade de coisas que não podemos modificar, mas também há uma série de coisas importantes que podemos e devemos fazê-lo. A liberdade dá medo, pois nos faz responsáveis por nossas escolhas e muitas vezes por nossa situação. Mas ela também é estimulante, pois nos permite tomar nossa vida em nossas próprias mãos e fazer a diferença.

Podemos nos perguntar: "E para quê? Já que há tantas coisas que não posso fazer, por que me importar em fazer seja lá o que for? Não fará muita diferença". Examinando os problemas astronômicos do mundo percebemos como é tolo pensar que podemos dar uma contribuição significativa: "O que me faz achar que posso fazer algo que outros não fizeram antes de mim? E o que dizer de todas as vezes que tentei e fracassei? Além disso, tendo colocado nossa vida confiantemente nas mãos de Deus, não parece falta de confiança querer controlar nosso próprio destino?"

Às vezes você evita fazer aquilo que sabe que tem capacidade porque acha que não alcançará a perfeição? Isso é uma tentação. Deus não pede perfeição a nós humanos, mas nosso compromisso para fazer o que podemos.

Há um antigo provérbio, atribuído ao escritor francês Voltaire, que diz: "O perfeito é o inimigo do bom"[24]. Insistir na perfeição muitas vezes faz com que não se consiga qualquer melhoria. Com frequência temos de aceitar fazer aquilo que é possível, em vez de nos envolvermos só em projetos que, a nosso ver, irão produzir resultados totalmente satisfatórios. Em outras palavras, fazer *algo* é quase sempre melhor do que não fazer nada, mesmo quando sabemos que não podemos fazer tudo. É verdade que nossa contribuição parece minúscula diante da grandiosa necessidade da sociedade, mas todo pouco ajuda, pois aos olhos de Deus fazer aquilo que podemos é tudo.

Frances Hodgson Burnett escreveu uma história infantil chamada *A terra da flor azul*, que li pela primeira vez já adulto, achando-a encantadora e me impressionando profundamente. Essa é a história de um jovem rei que foi criado por um velho sábio de maneira virtuosa e rodeado de beleza e bondade, até o dia em que atingiu a idade suficiente para governar. Naquele dia foi levado pelas ruas da cidade e exposto pela primeira vez ao mal e à feiura. Ao ver seu espanto, seus nobres o aconselham a não olhar a sua volta, ao que ele respondeu:

> Eu não os olharia se soubesse que não posso ajudá-los. Não há tempo para olhar para as coisas escuras se não pudermos torná-las mais claras.

24 VOLTAIRE. *La Bégueule*: "Dans ses écrits, um sage Italien, dit que le mieux est l'ennemi du bien".

> Olho para essas coisas porque há alguma coisa a ser feita. Ainda não sei o que é[25].

Naquele dia, quando o jovem rei caminhou pelos becos e vielas, vendo com seus próprios olhos a maldade e a pobreza da cidade, ficou refletindo muito sobre o que podia fazer pelo seu povo, publicando um decreto que ordenava todos os súditos de seu reino a plantarem uma flor azul. O rei forneceria as sementes. O decreto dizia:

> Em meu jardim secreto no alto da montanha cresce uma flor azul. Um dos meus irmãos, os pássaros, me trouxe sua semente de um jardim secreto do Imperador. Ela é tão linda quanto o céu ao amanhecer. E tem um poder estranho: ela afasta a má-sorte e os pensamentos tristes que a trazem. Não há tempo para pensamentos tristes – não há nenhum tempo para o mal. Escute a minha lei. Amanhã sementes serão dadas a todos os homens, mulheres e crianças no meu reino. Até aos recém-nascidos. Todos os homens, mulheres e crianças – até os recém-nascidos – estão obrigados por lei a plantar, alimentar e cuidar da flor azul. É a tarefa de cada um fazê-la crescer... Ela poderá ser plantada à beira da estrada, na fenda de um muro, em uma caixa, copo ou barril velho, em qualquer espaço vazio no campo ou no jardim de qualquer pessoa. Mas cada um deverá plantar suas sementes, cuidar delas e alimentá-las. No próximo ano, quando a flor azul florescer, cavalgarei pelo

---

25 Um dos meus teólogos favoritos, Hans Urs von Balthasar, nos convidou repetidamente a viver de forma alegre porque temos grandes razões para ter esperança, não importa em que situação nos encontremos. Ele disse que no meio de todo o medo que caracteriza os tempos em que vivemos temos todos os motivos para viver em alegria e comunicar alegria aos outros, porque Cristo foi vitorioso sobre o pecado e a morte.

meu reino e distribuirei minhas recompensas. Esta é a minha lei.

Durante todo o ano, o reino, que tinha ficado imundo com o passar dos anos, foi transformado. As pessoas trabalhavam ao ar livre, escavando o solo. Bêbados, ladrões e vagabundos que nunca tinham trabalhado saíram de seus buracos e cantos escuros para a luz do sol. Praticamente nenhum deles jamais tinha tentado fazer com que uma flor crescesse, mas passaram a pensar muito sobre o assunto. Havia menos brigas porque as conversas entre vizinhos sempre se voltavam para a flor azul. As pessoas que as cultivavam passaram a manter o terreno à volta delas mais bem-cuidado. Não gostavam de ver pedaços de papel e lixo por ali; por isso limpavam tudo. Toda a área adquiriu um novo aspecto.

Chegou o momento de as flores nascerem, e a população compartilhou a emoção e o entusiasmo quando os primeiros brotos começaram a abrir seu caminho para a superfície. Então, em um esplêndido dia de verão, foi proclamado por arautos nas ruas que o rei iria começar sua viagem pela região, passando a cavalo pela capital para ver o florescer das flores azuis, e isso seria seguido de um banquete. Realmente o rei caminhou com grande prazer pelas ruas, testemunhando um reino transformado.

No entanto, o rei chegou a um pedaço de terra onde nenhuma flor crescia.

– O que houve aqui? – perguntou o rei. Este jardim não foi abandonado. Foi arado e mantido livre de ervas daninhas, mas a minha lei não foi obedecida. Não há aqui nenhuma flor azul.

– O dono do pedaço de terra, um menino aleijado, postou-se tremendo diante do rei.

– Oh Rei! – bramou. Sou apenas um aleijado, pequeno e posso ser morto facilmente. Não tenho flor alguma. Quando abri meu pacote de sementes fiquei tão feliz que esqueci que o vento estava soprando e subitamente uma grande rajada as levou para sempre e não sobrou nenhuma. Fiquei com medo de contar para alguém.

– Continue – disse o rei, gentilmente. E o que você fez?

– Não pude fazer nada – disse o pequeno aleijado. A única coisa que fiz foi manter meu jardim limpo e tirar as ervas daninhas. E às vezes eu pedia a outras pessoas que me deixassem cavar um pouco para elas. E sempre que eu saía apanhava as coisas feias que via jogadas por aí – pedaços de papel e lixo –, fazia buracos e as enterrava. Mas não cumpri sua lei.

O rei desmontou de seu cavalo, levantou o menino aleijado e apertou-o contra o peito. – Você irá comigo em meu cavalo hoje – disse ele. Irá para o meu castelo no alto da montanha e viverá perto das estrelas e do sol. Quando você manteve seu pequeno jardim livre de ervas daninhas e quando cavou a terra para outros, escondendo as coisas feias e a desordem, estava plantando uma flor azul, todos os dias. Você plantou mais do que todos os outros, e sua recompensa será a mais doce, pois você plantou sem as sementes.

Como o menino aleijado nessa história, nossa influência no mundo pode parecer pequena, quase insignificante, porque não temos as "sementes" necessárias (talentos, energia, recursos, sabedoria), mas aos olhos de Deus, o que fazemos com aquilo que temos é agradável, é o que Ele escolheu para nós realizarmos. Imersos no cotidiano, na aparente insignificância de nossa vida, muitas vezes sentimos como se não estivéssemos fazendo nada, a não ser arrancar as ervas daninhas de nossos pequenos jardins vazios, e é natural acharmos que não estamos sendo produtivos, que nossa vida não é importante. Mas isso não é como Deus vê as coisas. Ele olha para o coração; Ele colhe o fruto espiritual de nossos corações, em vez do fruto material de nosso trabalho; Ele transforma nosso esforço frágil, mas genuíno, em um sucesso.

Quando oramos, pedindo coragem para modificar as coisas que podemos modificar, já estamos aceitando o maravilhoso plano de Deus para nós, que é o de sermos suas mãos e seus pés nesta Terra. Toda a flor que é plantada e cuidada faz do mundo – aos olhos de Deus – um lugar melhor. Isso não é pietismo, fazendo com que nos sintamos mais confortáveis diante de nossas limitações, mas sim uma verdade que conhecemos através da fé: Deus nos pede para dar somente aquilo que podemos, porque Ele já tem o compromisso de cuidar do resto, e nossa parte, aliada à dele, é uma linda criação.

# 17

# *O pão nosso de cada dia nos dai hoje para agirmos*

Obter coragem para modificar o que podemos modificar não é tarefa fácil. Nossa vida é complicada, e às vezes nos encontramos em circunstâncias verdadeiramente devastadoras.

Há algum tempo fui a Roma e postei na minha página do Facebook e no meu Twitter que levaria ao túmulo de São Pedro os pedidos e as orações dos fiéis que desejassem compartilhar comigo suas necessidades. Em minutos recebi centenas e centenas de mensagens pedindo ao Senhor por um milagre em sua vida. Uma simples promessa de orar pelas necessidades especiais provocou uma resposta mais entusiasmada do que muitas atualizações ou mensagens no Twitter. As orações com pedidos variavam desde apelos por uma cura física ou emocional, passando pela restauração de casamentos, até a renovação da fé em Deus e na humanidade. Quando me ajoelhei diante do túmulo de São Pedro, o líder dos doze apóstolos, e li todos aqueles pedidos que estavam gravados no meu celular, senti um pouco – ou talvez muito – da dor expressa nas mensagens. Aquela dor me fez rezar ainda com mais fervor: – Senhor, eu lhe imploro, não demore! Esses são seu povo. Eles juntaram a coragem para pedir a mim, um pecador, que orasse por eles... Agora, por favor, escute seus clamores.

Quase simultaneamente ao meu apelo um tanto desesperado pela misericórdia divina, fui lembrado da maneira normal que Deus tem de cuidar de nossas necessidades: em doses diárias e ao lado de nossos esforços. Encontramos esse método de "graça racionada" – para o bem de nossas almas – em todo o Evangelho.

Em uma das cenas mais reveladoras do Evangelho, os discípulos pedem a Jesus que os ensine a orar (Lc 11,1-4). Eles sabem que João Batista ensinou seus discípulos a rezar e agora querem ouvir o Mestre. Será que seu pedido – pelo menos em parte – não é a expressão de sua frustração ao não verem as próprias orações atendidas? Eles viram algumas pessoas curadas e outras permanecerem presas em suas enfermidades. Foram testemunhas oculares dos milagres de Jesus, mas muitas vezes ficaram desconcertados pelos casos difíceis quando pregaram e curaram em nome dele. Sabiam que Deus queria ouvir suas orações, pois Ele mesmo os enviou em missão – como acontece conosco, o resultado não foi satisfatório.

Depois disseram a Jesus, sem rodeios: "Senhor, ensina-nos a rezar". Então o Mestre lhes disse: – E quando vocês rezarem digam: Pai nosso que estais nos céus...

Cada frase do Pai-nosso é uma preciosidade espiritual, uma janela pela qual podemos ver diretamente o coração de Deus. No entanto, há uma frase que passei a amar de modo especial. Já a mencionei na parte I, quando falei sobre aceitação e serenidade, sendo que ela também se encaixa neste estudo sobre a coragem: "O pão nosso de cada dia nos dai hoje".

O pão de cada dia. Como eu, aqueles que foram criados na época do "pão fatiado" têm muita dificuldade de, a princípio, entender esse conceito. Mas o pão na época de Jesus – e, ainda hoje, em grande parte dos países – só estava bom para consumo nas primeiras vinte e quatro horas; depois ficava duro. Aprendi isso da maneira mais difícil. Quando fui enviado a Roma para estudar Filosofia e Teologia, deram-me a responsabilidade de preparar o café da manhã para todos os seminaristas. Todas as manhãs nosso convento recebia pão fresco às 5:30h. Dependendo de quantas pessoas tomassem o café da manhã, havia sobra de pão. Passei a notar que ao chegar ao trabalho, o cozinheiro do convento jogava fora o pão do dia anterior. Aquele aparente desperdício passou a me incomodar e imprudentemente presumi que o cozinheiro estivesse em conluio com o padeiro, para que mais pão fosse comprado. Certo dia decidi esconder o pão que tinha sobrado para servi-lo no dia seguinte. Nem seria preciso dizer que não fiquei muito naquele emprego. Embora o pão tivesse uma aparência perfeita quando o servi, ninguém podia comê-lo. Estava velho, duro; era "pão amanhecido".

No Pai-nosso Jesus nos diz para pedir a Deus o pão diário. Embora muitas vezes me veja pedindo a Deus que resolva as coisas para mim de uma vez – e com bastante antecedência – ou reclamando com Ele sobre minhas dificuldades de ontem, bem sei que isso não é o que Ele nos pede para fazer. Ele nos diz para pedirmos a Deus a graça de que precisamos *hoje*!

Aplicando essa ideia à Oração da serenidade, quando pedimos coragem para modificar as coisas que podemos modificar, estamos na verdade dizendo: "Senhor, conceda-me a coragem de que preciso *hoje* para fazer as coisas que você quer que eu faça *hoje*". Andamos com Deus um dia de cada vez, em ritmo de compasso estabelecido por Ele mesmo.

Já lhes falei sobre o meu Tio Dex, um dos meus heróis espirituais. Ele se tornou meu mentor na prática do "pão de cada dia" e da "coragem de cada dia". Passei a conhecê-lo, em minha fase de crescimento, como "o tio que não era católico" – parece-me que não praticava religião alguma. Era um arquiteto viciado em trabalho e que não participava de muitas reuniões maiores de família. Sempre se mostrava simpático e bondoso quando eu o via, mas tinha a impressão de que sempre parecia estar de saída para o trabalho.

Veio a crise financeira de 2007-2008, prejudicando enormemente o setor de construção. Em decorrência, os arquitetos mais velhos e mais bem-pagos, como Dex, foram os primeiros a perderem seu emprego. Ele foi demitido em 2009 e passou o ano seguinte à procura de emprego, sem sucesso. Frustrado e com poucas perspectivas em Nova York, ele e minha Tia Mary Ellen se mudaram para o Texas, onde o custo de vida era mais barato e o mercado de trabalho melhor.

A viagem do Tio Dex à procura de emprego foi algo penoso. Depois de algum tempo parei de indagar-lhe sobre o assunto. Eu sabia o quanto ele amava a arquitetura, como era especialista em sua arte e como trabalhava.

Mas eu estava vendo apenas uma parte daquele acontecimento. Hoje sei que, mesmo antes de ele ser demitido – e durante o período em que buscava trabalho em Nova York –, o Espírito Santo estava trabalhando muito em sua alma, e havia cooperação dele. E cooperou tão bem que, com a graça de Deus, quando foi afetado por uma doença séria pouco depois de se mudarem para Austin, ele a enfrentou – e ainda o faz – com a nobreza e a fortaleza de um santo.

Certo dia recebi uma ligação de Tia Mary Ellen. Eu estava preparado para ouvir más notícias porque sabia que os médicos ainda não tinham diagnosticado o problema, e o cansaço e a dor estavam aumentando. No entanto, em vez de me dar notícias tristes, ela riu e disse: – Jonathan, querido; algo muito lindo aconteceu com o Dex. Não sei de que outra maneira descrever isso a não ser que ele está se apaixonando por Deus! Eu era sempre a religiosa – continuou ela –, mais ou menos, mas agora ele está me ensinando. É simplesmente maravilhoso.

Uma das coisas que Dex estava ensinando a Mary Ellen – e também a mim – era como viver com alegria e tranquilidade no momento, sabendo que Deus lhe daria tudo que precisasse para ser capaz de viver, seja lá o que atravessasse seu caminho naquele dia.

No capítulo 5 compartilhei com vocês parte de uma carta que Dex me escreveu para explicar sua experiência do pão nosso de cada dia. Guardei o final daquela carta para este capítulo sobre a coragem. Você se lembrará que Dex tinha aprendido a aceitar com serenidade aquelas coisas que não podia modificar – primeiro seu desemprego e depois sua doença – porque confiava que a providência divina lhe daria seu pão de cada dia. Não sentia ansiedade porque sabia que não precisava mais do que aquilo que Deus iria fornecer. Mas então ele deu o salto para o próximo nível de confiança e coragem.

Nesta parte da carta, Dex me disse que está aprendendo a "compartilhar" seu pão de cada dia com os outros, a "oferecer de volta a Deus", por assim dizer, as bênçãos que havia recebido dele para beneficiar alguma outra pessoa que precisasse delas mais do que ele:

> Uma manhã Mary Ellen disse "Minha amiga precisa de 'meu pão nosso de cada dia'. Seja lá o que ele for hoje, eu vou dar para ela".
> Nosso pão de cada dia é sempre real para nós – tão real quanto quando uma de nossas necessidades é satisfeita –, e tão real quanto o sofrimento que é sentido.
> Sofri, mas minha família e meus amigos sofreram mais. Era tão óbvio – para ambos, Mary Ellen e eu – que o presente carinhoso de Deus de nosso pão diário deve ser recebido com gratidão por nós e carinhosamente compartilhado com outros.

A coragem para modificar as coisas que podemos modificar não exige que sejamos heroicos. Acima de tudo, essa coragem reside em um sim sem medo para os sussurros do Espírito Santo convidando-nos a parar de pensar em nós mesmos e a nos dedicarmos aos outros.

# 18
## *Alguma mudança é necessária*

A mudança não é fácil. Especialmente à medida que progredimos na jornada da vida os ideais que tínhamos quando jovens facilmente dão lugar à rotinização. Cansamo-nos de nossos esforços e às vezes nos desesperamos achando que nunca darão fruto. Mas entre todos os motivos para desistir da mudança estão especialmente nossos erros; eles pesam sobre nós e nos empurram para baixo. O fracasso nos faz sentir impotentes e suga nosso desejo de tentar outra vez. No entanto, embora seja verdade que nossas ações passadas estão entre aquelas coisas que não podemos modificar, é possível aprendermos com elas e crescer de tal forma que jamais teríamos imaginado. Um dos tipos mais importantes de mudança para o qual somos chamados é conhecido, no meio cristão, como "arrependimento". Arrepender-se é fazer uma mudança – é claro – em favor de uma vida melhor e mais correta.

Um dos meus autores modernos favoritos é a romancista e contista Flannery O'Connor. Ela viveu só até aos 39 anos, mas em seu curto período de vida escreveu uma das melhores obras de literatura de nossa época. Seu *Complete Stories* ganhou o Prêmio Nacional para Ficção em 1972, e nesta era da internet ela se tornou ainda mais popular. Flannery tinha aquela rara qualidade de gigantes espirituais: ser capaz de suavemente incorporar a fé e a razão em qualquer coisa que escrevesse. Ela era, acima de tudo, uma escritora de ficção, mas é possível ler seus contos e sair totalmente inspirado sem saber exatamente como é que ela conseguiu fazer aquilo.

Como alguns dos grandes místicos espirituais que fundiam teologia, filosofia e ascetismo sem fazer distinção entre os três (Boécio, p. ex.), Flannery O'Connor considerava a vida cristã pouco complicada: não importa que cartas a Providência nos tenha dado – acreditava ela; se estivermos determinados a seguir o desejo sagrado de Deus sempre haverá uma solução sagrada para o nosso problema. Flannery podia não somente contar uma história maravilhosa, mas resumir para o leitor – e para qualquer seguidor de Jesus – a essência das grandes questões da vida. Por exemplo, ela disse certa vez – e isso é importante para nossa discussão sobre coragem e mudança – que um espírito saudável tem três qualidades: gratidão, contrição (arrependimento) e missão. Pense um pouco sobre isso. Você conhece alguém que seja consistentemente grato, contrito e viva em um estado de serviço e que, ao mesmo tempo, também não seja feliz e santo? Na verdade, esses são os tipos de pessoa com quem amamos estar. Além de estarem sempre pensando nos outros, parecem estar muitíssimo satisfeitas.

O arrependimento é um exercício psicológico e espiritual saudável. Acho que Sigmund Freud estava errado ao atribuir um papel tão negativo aos sentimentos de culpa. A seu ver, a culpa surge de um conflito entre o superego autoritário (uma espécie de impressão dos pais) e o id (a sede de desejos instintuais). Segundo Freud, o superego e a culpa que vêm dele irracionalmente impedem o indivíduo de alcançar a verdadeira liberdade. Na realidade, sentimentos de culpa, quando medidos e equilibrados, desempenham um papel importante em nossa saúde psicológica. Ao aceitar as consequências de nossas decisões somos motivados a modificar aquilo que precisa ser modificado. Esconder nossos erros não nos leva a parte alguma e fecha a porta para a conversão de que todos necessitamos.

Chorar de tristeza por nossos erros, especialmente aqueles que feriram outras pessoas, é saudável e purificante. É correto sentir remorso por nossos malfeitos. Só os sociopatas não sentem arrependimento pela dor e dano que causaram a outros. No entanto, o objetivo dessa tristeza não é nos colocar para sempre em um estado de infelicidade e angústia, mas nos levar a detestar nossos pecados, a nos desassociarmos deles e repudiá-los. "Conversão" literalmente significa "voltar-se para" ou uma mudança de orientação; é o que ocorre quando nos afastamos do pecado e nos voltamos, em vez disso, para Deus.

Como o inimigo de nosso espírito – o demônio – é o pai das mentiras, ele é mestre em transformar um sentimento saudável como culpa em uma força destrutiva, se não tivermos cuidado. Se os seus sentimentos de culpa persistirem muito tempo depois de você ter pedido perdão a Deus, eles já não vêm mais de Deus. Mas, ao contrário, são sinais de autocompaixão e desconfiança da misericórdia do Senhor. Escrúpulos – ver pecado onde não existe e se sentir culpado por coisas que não foram erradas – é outra mentira que o demônio adora fomentar.

O demônio quer, por todos os meios, reverter a natureza do arrependimento porque ele sabe que se arrepender é um ato muito lindo e divino; que um coração contrito é um coração humilde e que o homem ou a mulher humilde está perto do coração de Jesus.

Como formamos um coração contrito? Isso envolve uma "reviravolta", com um firme propósito de não repetir nosso erro. Também pedimos perdão àqueles a quem ferimos e traímos. Mas se nosso pecado feriu outras pessoas ou foi unicamente pessoal, devemos primeiramente pedir perdão a Deus por ter abusado do presente do livre-arbítrio para atos egoístas. Só Ele é realmente capaz de remover nossa culpa e de nos fazer completamente íntegros outra vez.

Uma das histórias de conversão mais famosas de todos os tempos é a de Santo Agostinho, um bispo que viveu no norte da África no século IV. Ele descreveu sua conversão em um livro fascinante, detalhando o longo e lindo processo de aceitar Deus em sua vida. Se você não leu seu livro *Confissões*, eu o recomendo entusiasticamente. Apesar do título, trata-se de uma narração agradecida da misericórdia de Deus e de seu triunfo na vida de Agostinho. Podemos facilmente nos identificar com a resistência à mudança de Agostinho. Ele tinha se acostumado ao seu estilo de vida e achava que uma vida de virtude estava além de suas capacidades. Portanto, por mais que o desejasse, a inércia do vício sempre o retinha. Em um diálogo com Deus, ele lhe disse:

> Quando de todos os lados você me mostrava que suas palavras eram verdadeiras e sua verdade me conquistava, eu não tinha qualquer resposta a dar, mas apenas aquelas palavras lentas e sonolentas, "agora mesmo, sim; agora mesmo". "Deixe-me tranquilo por um momento." Mas "agora mesmo, agora mesmo" nunca era agora mesmo, e "deixe-me tranquilo por um momento" se estendia por muito tempo[26].

Sempre achei que a "humanidade" de Agostinho era muito reconfortante e encorajadora. Quando ele descreve sua letargia para abraçar as coisas difíceis que Deus pede dele, posso me identificar totalmente com ele, mas também penso comigo mesmo: Se ele pôde fazer, por que eu não posso? E por que você não pode?

A conversão começa com o reconhecimento de nossos erros, continua com um pedido de perdão e prossegue até a aceitação

26 SAINT AUGUSTINE. *Confessions*, livro 8, cap. 5.

do *presente do perdão* e da cooperação com a graça de Deus para começar uma vez mais. O ato de perdoar pode ser um gesto terrivelmente difícil de ser realizado, mas também dificílimo de ser aceito. É difícil acreditar que somos verdadeiramente perdoados e de nos perdoar. O "perdoar-se" muitas vezes é mal-entendido, como se pudéssemos de alguma maneira remover nossa culpa. Isso não é possível, mas pode significar nossa abertura ao perdão dado pela pessoa ofendida. Esse entendimento é necessário porque com muita frequência nos agarramos a nossos pecados, recusando-nos a libertá-los, embora o perdão já tenha sido dado. Às vezes sentimos uma necessidade psicológica doentia de ficar nos golpeando por causa de erros passados que já foram lavados. Aprender com nossos erros é uma coisa; chafurdar em nossa indignidade é outra.

Muitas vezes achamos que a conversão é um momento monumental, que nos marca para sempre. Para algumas pessoas, suponho que seja; mas esse não é o único tipo de conversão. A maioria das pessoas não tem uma experiência dramática de conversão (como a de Santo Agostinho), mas todos nós somos chamados à conversão diária, a reordenar nossa vida diariamente. São João Evangelista escreveu: "Se dissermos que não temos pecado estamos enganando a nós mesmos, e a verdade não está em nós" (1Jo 1,8). Apesar de nossa orientação básica para Deus, a cada dia precisamos renovar esse compromisso, reelegê-lo como o Senhor de nossa vida.

Em 1984, o Papa João Paulo II escreveu uma carta sobre conversão, resumindo a ideia de penitência e conversão nos seguintes termos:

> O esforço diário concreto de uma pessoa, apoiada pela graça de Deus, para perder sua própria vida para Cristo como a única maneira de ganhá-la; um esforço para largar o homem velho e adotar o novo; um esforço para vencer em si mesma aquilo que é da carne, para que o

> espiritual possa prevalecer; um esforço contínuo para erguer-se das coisas daqui de baixo para as coisas lá de cima, onde Cristo está[27].

Que bela descrição do caminho para modificar aquilo que pode e deve ser modificado em nossas vidas! Nesse sentido, a conversão é nosso esforço diário para ser o tipo de pessoa que Deus quer que sejamos: um convertido feliz. Então, na realidade os santos são apenas pecadores corajosos, pessoas como você e eu, mas que não têm medo de mudar porque dependem diariamente da graça suficiente de Deus.

*Senhor, dê-me a coragem para mudar as coisas sobre mim que precisam ser mudadas. Não posso fazer isso sozinho, mas só com sua ajuda. Por favor, perdoe-me dos meus erros e ajude-me a reconstruir minha vida de acordo com seu plano para mim. Segure minha mão e me leve para onde você quer que eu vá.*

---

27 BURNETT, F.H. *The Land of the Blue Flower* (1904) [Disponível em http://www.online-litertaure.com/burnett/3041/].

# 19
## *Quem ainda é corajoso hoje em dia?*

No mundo antigo as pessoas competiam umas com as outras no campo de batalha ou nas arenas para provar sua coragem, que era considerada uma das virtudes mais importantes que alguém podia possuir. Hoje falamos menos dessa qualidade específica, substituindo-a por outras virtudes que atualmente parecem ser mais importantes, como tolerância, justiça, abertura a novas ideias e consciência ecológica. Essas certamente são virtudes, se compreendidas de forma adequada, mas a coragem parece ter se perdido na confusão, e isso é uma pena.

Fazer a coisa certa nunca é fácil, e precisamos de coragem, não menos do que no passado. Atualmente há mais atalhos na vida das pessoas e certamente sofremos menos dor e incômodo físicos; citamos, por exemplo, a Aspirina®, o ar-condicionado e a Novocaína®. Mas pelo fato de a vida atual ter certas facilidades não significa que a coragem não ocorra. Por exemplo, apesar da maior comodidade dos dias atuais é possível que se necessite de mais coragem para manter um casamento do que antigamente, ou de uma dosagem maior de coragem para se levantar contra a maré da opinião pública, indo em defesa da verdade. A coragem – ou a bravura, como muitas vezes é chamada – é uma virtude que nos predispõe a enfrentar desafios e a não recuar, e hoje há uma abundância de desafios.

A coragem para modificar aquilo que podemos modificar abarca muita coisa: há todo um mundo que precisa de mudanças, com estruturas sociais injustas, políticos corruptos, crianças morrendo de fome, desempregados, idosos solitários, adolescentes desorientados, pessoas descrentes, necessitando de fé... Também há você e eu. Nós também precisamos mudar.

Sem uma certa força de vontade e perseverança nunca alcançaremos o que pretendemos. Muitas vezes nos encontramos em rotinas que parecem nos engolir, ou nos sentimos prisioneiros de nossos próprios vícios, padrões de comportamento e pecados. Nisso pode estar o cigarro, a compulsão por comida, a pornografia, a raiva, o ressentimento, a preguiça, a desconfiança ou qualquer outra forma de comportamento que nos parece difícil de ser deixada para trás. Sabemos o que deveríamos fazer, mas – não importa quantas vezes tomamos a decisão de mudar – constantemente acabamos caindo no mesmo truque.

Mais recentemente, tive o privilégio de participar em um programa de ministros junto ao *campus* da Universidade de Colúmbia. Infelizmente o mundo acadêmico na América foi uma das áreas de nossa cultura em que a fé em Deus – vista como algo apenas daqueles que facilmente se deixam persuadir – passou a ser motivo de zombaria ou ridicularizada como irracional. É por isso que foi muito gratificante poder acompanhar tantos alunos da Universidade de Colúmbia praticando sua fé contra essa tendência tão marcante. Quando sento com um grupo de alunos para estudar a Bíblia em uma sexta-feira à noite e os ouço discutir entusiástica e inteligentemente o que Jesus quis dizer com uma certa parábola, quando leio um e-mail de um aluno de primeiro ano promovendo determinado serviço aos pobres de nosso bairro, quando vejo uma multidão de estudantes participando da missa noturna de domingo – tempo que poderia ser dedicado, p. ex., ao estudo –, sinto-me, por assim dizer, humilhado. Seu comprometimento com Deus e de viver sua fé por meio da evangelização e de outras formas de serviço, sejam quais forem as consequências, faz-me querer ser um homem melhor e um ministro de Deus mais corajoso.

*Dê-me coragem, Senhor. Preciso dela agora mais do que nunca. Não me deixe recuar quando não devo. Não deixe que eu me afaste quando posso fazer diferença. Não deixe que eu me acomode quando posso e devo fazer algo melhor.*

# 20

## *Você tem um papel importante na peça*

Li poucos livros tão interessantes como a trilogia *O Senhor dos Anéis*, de J.R.R. Tolkien. Não são apenas uma história, mas uma alegoria épica da existência humana e da luta eterna entre o bem e o mal, com muito sentido e lições de vida. Tolkien, um católico fervoroso, tinha uma visão profundamente cristã do mundo, algo que se refletia em seus escritos. Um tema-chave que emerge de *O Hobbit* e de *O Senhor dos Anéis* é a importância daquilo que o mundo não considera importante. Os heróis da história não são homens grandiosos, ou os duendes imortais, os anões corpulentos ou até o bruxo sábio e poderoso. Os heróis são os *hobbits*, ou "metadílios", os seres pequenos, que amam o conforto e fumam cachimbo, sabendo que não têm lá muita importância nos grandes negócios do mundo. Eles nos surpreendem continuamente porque ninguém espera muito deles. Talvez, mais do que tudo, eles surpreendem a si próprios.

É fácil pensar que o mundo é modificado por outras pessoas. "Mas quem sou eu, afinal de contas, e quem é você?" Se essa pergunta reflete uma humildade verdadeira – se, ao fazê-la, estamos reconhecendo que sem a graça de Deus não podemos fazer nada –, então é uma boa coisa. Todos nós conhecemos pessoas que acham que o mundo gira em torno delas – normalmente são companhias muito desagradáveis. Mas nunca devemos subestimar aquilo que Deus tem a intenção e é perfeitamente capaz de fazer por meio de nós. Em toda a história, a maioria dos homens e mulheres verdadeiramente grandiosos nunca se considerou especial. Às vezes foram meras circunstâncias que os levaram a mostrar a qualidade de seu caráter.

John Henry Newman, teólogo anglicano "convertido" ao catolicismo – Cardeal Newman –, foi um desses homens grandiosos. Além de ser um acadêmico estelar, Newman era um homem profundamente devoto e piedoso, e as orações que escreveu foram uma adição importante ao grande tesouro das devoções da Igreja. Uma delas, que a meu ver é particularmente emocionante, é uma meditação que ele escreveu em 1848, quando estava se sentido inseguro e com dúvidas sobre que caminho seguir. Ela expressa enorme confiança na providência divina e uma profunda sensação de paz apenas por saber que Deus está no controle. Mas ela também abraça o compromisso que Deus estava pedindo dele. Newman começa sua meditação com essas palavras:

> Fui criado para fazer algo, ou para ser algo, para o qual nenhuma outra pessoa foi criada; tenho um lugar nos conselhos de Deus, no mundo de Deus, que nenhuma outra pessoa tem. Seja eu rico ou pobre, desprezado ou estimado pelo homem, Deus me conhece e me chama pelo meu nome"[28].

Uau! Que pensamento incrível! Essa declaração profunda não era verdadeira apenas para Newman, mas também o é para cada um de nós. Percebo que repeti-la constantemente me ajuda muito. Temos um lugar único no coração de Deus e uma parte única em seu plano para o mundo e para a história humana. Nenhum de nós nasceu por acidente, de um encontro aleatório de gametas. Não

---

28 PAPA JOÃO PAULO II. Exortação apostólica pós-sinodal *Reconciliatio et Paenitentia*, 02/12/1984, n. 4.

importa quais sejam as nossas circunstâncias, mas estamos aqui porque Deus nos queria e quer exatamente onde nos encontramos. Acreditamos pela fé, e também por grande evidência, de que nossa alma é que nos faz quem somos; ela é a qualidade constitutiva e divina de nosso ser. Isso é verdade com relação a todos os seres humanos; independentemente de como foram concebidos – se por um ato amoroso de união conjugal, por um momento de luxúria ou até mesmo por violência sexual –, Deus fez cada um de nós. Em um instante cheio de amor Ele soprou, na matéria que iria se transformar em nosso corpo, uma alma eterna que desejou, amou e fazia parte de seu plano.

Newman continua sua reflexão:

> Deus me criou para algum serviço específico para Ele; encomendou-me algum trabalho que não encomendou a nenhum outro. Tenho minha missão; posso não conhecê-la nesta vida, mas saberei na próxima. De alguma maneira, sou necessário para seus objetivos, tão necessário em meu lugar como um arcanjo no seu.

Essa é uma declaração impressionante para um homem que nunca teve inclinação para o exagero. Não importa quem seja ou quão humilde sua vida possa parecer, você é muito importante para Deus. Quem pode dizer que seu papel na história é menos importante do que o do presidente da República ou do papa? Deus precisa de você porque Ele escolheu precisar de você. Sua parte é unicamente sua e você é insubstituível.

Para compreender isso não podemos nos julgar ou julgar os demais apenas pela aparência; devemos nos colocar em outro plano. Você certamente se lembra desta passagem do Antigo Testamento: "Meu olhar não é o dos homens; o homem vê a aparência, o Senhor vê o coração" (1Sm 16,7).

Então, se o nosso papel é tão importante, uma das tarefas principais da vida é descobrir que papel é esse. O estranho é que Deus raramente o revela de uma só vez. Nosso papel se desdobra como os capítulos de um romance, com todas as reviravoltas inesperadas de uma trama. E quando achamos que já sabemos qual é a nossa missão, Deus nos surpreende e nos vemos coçando a cabeça, perguntando-nos novamente o que Ele quer de nós. Ele vê um grande quadro, enquanto nós vemos apenas pedacinhos aqui e ali. Newman descreve isso desta maneira:

> Tenho uma parte nesta grande obra; sou um elo em uma corrente, um laço de ligação entre pessoas. E Ele não me criou para fazer nada. Eu farei o bem, eu farei sua obra; eu serei um anjo de paz, um pregador da verdade em meu próprio lugar – embora sem ter essa intenção – se eu simplesmente obedecer seus mandamentos e servi-lo em minha vocação.

Apenas fazendo aquilo que devemos fazer às vezes é a maneira mais segura de cumprir nossa missão. Levantar-se, alimentar as crianças, ir trabalhar, visitar uma amiga, escrever um e-mail, encontrar tempo para uma oração, limpar a casa... tantas coisas aparentemente simples podem ser a trama de uma missão que Deus considera preciosa. Não podemos calcular os efeitos de nossas ações ou a importância de nossas escolhas. Só Deus tudo vê.

Newman conclui sua meditação entregando-se nas mãos de Deus, como Jesus na cruz, encomendando sua alma a Deus. "Portanto confiarei nele", escreve Newman.

> Seja como for, esteja onde eu estiver, nunca posso ser jogado fora. Se estou doente, a minha doença pode servi-lo, e a minha perplexidade também; se estou triste, isso pode servi-lo. Minha doença, perplexidade ou tristeza podem ser causas

> necessárias de algum fim grandioso, que está muito além de mim. Ele nada faz em vão; pode prolongar minha vida, pode encurtá-la. Ele pode tirar meus amigos, pode me jogar entre estranhos, pode fazer com que eu me sinta desolado, com que eu perca meu entusiasmo, pode esconder o futuro de mim... Ainda assim Ele sabe o que faz.

Que grande conforto pensar que Deus está trazendo o bem – exatamente agora, neste instante – do entulho da minha vida. Não há nada que seja inútil sobre minha existência. Minha doença, minha tristeza, meus altos e baixos, meus fracassos... tudo é importante para Deus. Ele é aquele que renova todas as coisas.

A coragem para modificar aquilo que podemos modificar depende de nossa compreensão de quão importante é nossa vida. Somos chamados para a grandeza – o tipo da grandeza de Deus – e nunca devemos pensar que nossa vida não conta no grande quadro da história humana. Ela é muito mais importante do que podemos perceber.

*Senhor, por maior ou menor que a obra da minha vida possa parecer aos olhos do mundo, confio que ela tem uma importância especial para você. Renova hoje meu compromisso de ser corajoso contra todas as adversidades. Não me entregarei ao medo do fracasso. Farei aquilo que sei que devo fazer. Viverei meu papel em seu grandioso romance, mesmo quando oro para que você me revele qual é esse papel. Confiarei totalmente em você.*

# 21

# *Aos olhos de Deus todos somos figuras de ação*

Você já percebeu quantas das parábolas de Jesus têm a ver com agir, fazer alguma coisa, e como Ele parece descontente quando isso não é feito? Pense, por exemplo, na Parábola dos Talentos (Mt 25,14-3; Lc 19,11-26). Essencialmente trata-se de uma parábola sobre um mestre ou um rei que, em sua ausência, confia seus bens a empregados, na esperança de que eles saberão administrá-los. Quando regressa fica visivelmente satisfeito com aqueles que os multiplicaram, desaprovando aquele que decidiu enterrar o que recebera, em vez de investi-lo. Observe bem que esse último não desperdiçou aquilo que tinha recebido, que ele não gastou nem perdeu nada, preservando cuidadosamente a posse de seu mestre/rei. No entanto, isso não foi bom o bastante. O mestre/rei esperava mais dele, e a lição – pelo menos uma delas – nos parece óbvia: Deus nos confia seus dons e quer que ajamos; manter a fé não é bom o bastante, Ele nos pede para divulgá-la.

Ou pense na Parábola do Juízo Final, quando Deus reunirá todos diante de si, separando, como um pastor, as "ovelhas" das "cabras" (Mt 25,31-46). O que me surpreende na parábola é que os condenados – as "cabras" – não são acusados de nenhum dos crimes que nós associamos a um comportamento realmente mau. Jesus não diz: "Afastem-se de mim ladrões, adúlteros, estupradores e assassinos". Na verdade, Ele não menciona uma única coisa que fizeram de errado! Seu crime foi a inatividade, não a ação. "Afastem-se de mim [diz Ele], pois eu estava faminto e vocês não me deram nenhum alimento, eu tinha sede e não me deram nada para beber, desnudo e não me vestiram, doente/na prisão e não me visitaram". Eles tinham uma tarefa a executar, mas não a fizeram. Havia boas ações que Jesus esperava que fizessem, mas isso não aconteceu.

Os exemplos continuam e a mensagem é muito clara: Deus nos criou para fazer o bem, e não somente para evitar o mal; Ele não nos quer ver como simples espectadores, chegando a dizer em determinado momento: "Quem não está comigo é contra mim; e quem não recolhe comigo, espalha" (Lc 11,23). Fazer o bem é, em essência, o significado do cristianismo. Em Atos dos Apóstolos, São Pedro resume o ministério público de Jesus dizendo simplesmente: "Por toda a parte Ele andou fazendo o bem" (At 10,38). Ser cristão é ter uma missão, e isso significa infinitamente mais do que simplesmente evitar o mau. "Não fazer nada de errado" não explica mais o significado da vida cristã do que "não fazer pênaltis", fazendo um paralelismo com o futebol. Um jogador que acredita estar jogando bem simplesmente porque evitou pênaltis, não dando sua contribuição ao time, logo passará ao banco de reservas.

A esse tipo de passividade – a falta de ação, quando nos é pedido justamente o contrário –, Tomás de Aquino chama de "pecado de omissão". No início de toda celebração litúrgica fazemos um "ato de contrição", pedindo perdão por termos pecado "em pensamentos e palavras, atos e omissões". Nessa ocasião pedimos perdão não só pelas coisas más que praticamos, mas também pelas coisas boas que deixamos de fazer: as oportunidades perdidas, as inspirações ignoradas ou a não assistência aos necessitados. Como nossa missão cristã consiste em sair de nós mesmos para transformar o mundo em que vivemos com a mensagem do Evangelho e a prática do amor cristão, seríamos negligentes se os nossos dias não fossem preenchidos com essa nossa missão. Nesse sentido, ter a consciência limpa significa contribuir com a missão de Cristo em prol de seu povo. Portanto, em um exame de consciência verdadeiramente cristão, não caberia somente o questionamento: "Fiz alguma coisa errada?, mas também estes: "Como dei testemunho de minha fé?" "Como expressei em minha vida a caridade cristã?" "Quanto tempo dediquei às necessidades dos outros, e não apenas às minhas?

Em um texto fascinante de 1981, São João Paulo II estimula os cristãos a se tornarem ativos para mudar o mundo. Em seu zelo de profeta, ele escreve que a atual situação da Igreja e do mundo "requer, com uma urgência particular, a ação dos fiéis leigos". Se a falta de comprometimento é sempre inaceitável, observa ele, "o momento presente faz com que seja ainda mais inaceitável. Não é permissível que ninguém permaneça inativo"[29]. Sim, devemos serenamente aceitar aquelas coisas que não podemos modificar, mas também é nossa obrigação modificar corajosamente aquelas que podemos. A missão da Igreja pertence a cada um de nós. Além disso, João Paulo II acrescenta: "como a obra que espera a cada um de nós no vinhedo do Senhor é tão grandiosa, não há espaço para a preguiça".

O mundo só se tornará aquilo que deveria ser por meio da ação comprometida dos fiéis. A um cristão não é pedido que seja um observador passivo de eventos, mas sim que seja um promotor de mudanças. As últimas palavras de Jesus aos seus discípulos não foram para que se entrincheirassem e pacientemente esperassem pela segunda vinda. Ele não lhes disse para encontrarem um lugar

---

29 PAPA JOÃO PAULO II. Exortação apostólica pós-sinodal *Christifideles Laici*, 1981, n. 3.

seguro onde pudessem "manter a fé", mas: "Saiam pelo mundo e façam discípulos em todas as nações". Suas últimas palavras foram intimadoras e de envio, e obviamente dirigidas a todos nós.

Todos os cristãos são convocados a evangelizar, cada um a seu modo: uns irão pregar, outros irão aconselhar, e a maioria irá testemunhar sua fé, esperança e caridade cristãs. E não há testemunho mais eficiente do que o amor. Em sua maravilhosa e primeira encíclica, intitulada *Deus é Amor*, o Papa Bento XVI escreveu, de forma memorável, que "um amor puro e generoso é a melhor comprovação do Deus em quem acreditamos e pelo qual somos orientados para o amor". E acrescenta: "Um cristão sabe quando é o momento para falar de Deus e quando é melhor não dizer nada, deixando que o amor fale por si. Ele sabe que Deus é Amor e que a presença de Deus é sentida naquele mesmo momento em que a única coisa que fazemos é amar"[30]. Esse é o modelo do testemunho cristão, independentemente de sua forma concreta.

A missão dos leigos é imensa; eles são convocados para nada menos do que evangelizar o mundo, ou, nas palavras do próprio Jesus, a "fazer discípulos em todas as nações" (Mt 28,19). Infelizmente, quando uma pessoa generosa pergunta como pode se tornar mais atuante na Igreja, geralmente recebe uma resposta insatisfatória. Na Igreja sempre corremos o risco de clericalizar o leigo ou de laicizar o clero. Com muita frequência, quando um leigo quer se tornar mais atuante, não se pensa outra coisa senão em relação a sua atuação na liturgia dominical ou no conselho paroquial. Sem sombra de dúvida, isso é muito bom, mas, podemos dizer, é apenas a ponta do *iceberg*. A vida da Igreja vai além das portas de um prédio e do domingo.

A missão da Igreja é *mudar* o mundo. Quando Jesus descreve seus seguidores, usa três imagens. Chama-nos de luz, sal e a le-

---

30 PAPA BENTO XVI. Carta encíclica *Deus Caritas Est*, 2005, n. 31c.

vedura. O interessante é que essas três imagens têm um elemento comum: não são vistas de modo intrínseco. Desse modo, ninguém olha diretamente para a luz, ninguém come um prato de sal ou um sanduíche de levedo (exceto os australianos, que fazem uso de uma pasta de extrato de levedura). A luz, o sal e a levedura são utilizados para potencializar outros itens. Assim, a luz ilumina o mundo a nossa volta, o sal dá sabor à comida, a levedura promove o crescimento da massa. Portanto, o objetivo cristão é mudar o mundo em seu entorno.

A luz da Igreja não deve brilhar somente uma hora aos domingos, mas também nos outros dias da semana. A Igreja no mundo é a comunidade de fiéis que creem em Jesus Cristo e que aplicam sua fé em tudo o que fazem, seja no lar, no escritório, na sala de aula, no *shopping*, na fábrica, na loja de conveniência, na sala da diretoria. Na paróquia em que trabalho há uma senhora idosa que me alegra toda vez que a vejo. Apesar das muitas dores e das dificuldades inerentes à sua idade, tudo que vejo nela é seu sorriso. Ele faz com que o mundo – também o meu mundo – seja melhor. É o seu presente para mim e para muitas outras pessoas. Com o seu sorriso ela se torna apóstola da Boa-nova.

Pelo batismo não nos tornamos apenas limpos de pecado e bem-vindos à família de Deus; por ele também somos enviados como apóstolos, pois todos nós recebemos de Deus a incumbência de compartilhar a missão de Jesus. Sempre fico impressionado quando penso que o ministério público de Jesus durou apenas três anos, que Ele morou em um único lugar, que falou para um número relativamente pequeno de pessoas. No entanto, seus ensinamentos foram/são endereçados a todo o mundo, a todas as épocas e lugares. Isso faz com que nosso dever de divulgar sua mensagem de amor e arrependimento seja ainda mais urgente, considerando que é primordialmente por nós que homens e mulheres de hoje podem ouvir o Evangelho e conhecer a Cristo. Uau! Jesus não deixou a missão da evangelização apenas para "profissionais", mas a confiou a cada um de nós.

O Concílio Vaticano II também ressaltou enfaticamente o papel importantíssimo do cristão leigo: "Em virtude de sua vocação especial, pertence à laicidade [a tarefa] de buscar o Reino de Deus envolvendo-se em negócios temporais e direcionando-os segundo a vontade de Deus"[31]. E quais seriam os "negócios temporais"? São as leis civis, a medicina, o entretenimento, a publicidade, a vida familiar, os esportes, a construção, a política, a fabricação, a engenharia, os meios de comunicação... Em resumo, tudo! E acrescenta: "Pertence a eles, de uma forma especial, iluminar e organizar todas as coisas temporais com as quais estão intimamente associados, de forma que elas possam sempre ser eficientes e se desenvolver segundo Cristo e possam ser a glória do Criador e do Redentor". Como a série de televisão *Missão impossível* costumava dizer: "Esta é sua missão, se você decidir aceitá-la".

*Oh Senhor, preciso de coragem para sair da rotina de ser um espectador da história humana. Preciso ser criativo para dar minha contribuição, agora e no futuro. Começando hoje, manterei meus olhos abertos para todas as oportunidades de fazer uma diferença positiva na vida de outros.*

31 CONCÍLIO VATICANO II. Constituição dogmática *Lumen Gentium*, 1964, n. 31.

# 22

## *Sonhadores do mundo, uni-vos!*

Mudar as coisas que podemos mudar não exige somente coragem, mas também visão; precisamos ter uma ideia não só de onde estamos, mas também para onde estamos indo. Quando Michelangelo, um dos maiores escultores de todos os tempos, punha-se diante de um enorme bloco de mármore, não começava simplesmente a tirar pedacinhos da pedra com seu cinzel para ver o que iria ocorrer. Primeiramente arquitetava em sua mente a escultura que queria; sempre tinha em mente o resultado final almejado. A partir disso fazia esboços e projetava sua ideia no mármore, "escavando tudo aquilo que encobria sua obra de arte". As obras Pietá, Moisés e Davi existiram primeiramente em sua mente, passando depois para o mármore.

Fazer mudanças em nós mesmos e no mundo em que vivemos exige visão, uma ideia daquilo que estamos procurando. Não podemos simplesmente "começar dando golpes" para ver o que acontece. Assim como Michelangelo podia antever uma estátua no mármore, antes de começar a esculpi-la, precisamos imaginar a nós mesmos e a nossa sociedade como poderiam ser. Nosso mundo é o mármore que precisamos esculpir, e por mais que sejamos realistas, necessitamos de uma dose de idealismo. Ambos são necessários.

O realismo tem a capacidade de verificar nossos sonhos, mas o idealismo nos possibilita olhar além daquilo que já foi feito, ir atrás do que ainda precisa ser realizado. O realismo é importante porque nos livra de viver baseados em mera ficção; ele nos salva do desapontamento de correr atrás de metas inalcançáveis. Mas sem o idealismo, o realismo não nos leva a parte alguma; ele nos desafia a ultrapassar o *status quo*, nos empurrando para patamares mais altos e mais distantes.

Os americanos têm enorme orgulho do Rev.-Dr. Martin Luther King Jr. (sim, "Reverendo", e não apenas "Doutor"), por tudo o que realizou em prol dos direitos civis do país. Primeiramente ele pôde realizar o seu sonho comunicando-o aos outros; teve a capacidade de vislumbrar um tipo diferente de mundo – mais justo e mais afetuoso –, e sua visão contagiava as pessoas. Ele era capaz de descrevê-la de uma maneira tão convincente, que as pessoas praticamente podiam ver esse novo mundo da maneira como ele o via. Apesar da oposição violenta, sua visão prevaleceu. Temos conhecimento daquele fantástico discurso que ele fez no dia 28 de agosto de 1963. Ele começou com aquelas palavras impressionantes: "Eu tenho um sonho". O Rev. King pintou o retrato de um mundo diferente em palavras tão articuladas que, quando as ouvimos, ainda podemos ver o mundo que ele imaginou.

"Eu tenho um sonho, que um dia nas colinas vermelhas da Geórgia os filhos de antigos escravos e os filhos de antigos donos de escravos poderão se sentar juntos em torno de uma mesa, em fraternidade". Seu sonho ia mais além. Ele sonhava "que um dia, mesmo o Estado de Mississippi – um Estado deserto, sofrendo intensamente com o calor da injustiça e da opressão – será transformado em um oásis de liberdade e justiça". E seu sonho ficou ainda mais concreto ao imaginar "que meus quatro filhos irão um dia viver em uma nação onde não serão julgados pela cor de sua pele, e sim pelo conteúdo de seu caráter". Esse foi o legado que ele deixou para o país.

É possível que nossos sonhos não vão tão longe como os do Rev. King. Talvez não tenhamos um plano-mestre para a nossa sociedade, talvez não vejamos tão claramente para onde precisamos ir para alcançar um mundo mais justo e mais livre. Mas certamente podemos prever algo melhor para nós mesmos, um futuro melhor para as nossas famílias. E essa visão é essencial, a fim de modificar as coisas que podemos modificar.

Você já imaginou alguma vez *seu melhor eu*, antevendo-se daqui a cinco anos? Se pudesse mudar apenas uma coisa em si mesmo, o que faria? Se o seu cônjuge, ou alguém próximo, pudesse mudar apenas uma coisa em você, o que seria? A mudança corajosa exige formar uma visão.

*Pai do céu, sou tão limitado diante de você, sou tão limitado. Expande minha visão de tal forma que eu possa ver a mim mesmo e o mundo como você o faz. Ajude-me a ser mais ponderado sobre onde eu estou e para onde preciso ir. Dê-me a coragem para formar e executar uma visão sagrada.*

# 23

# A primeira pessoa a ser mudada sou eu

Todos nós gostaríamos de mudar outras pessoas. Gostaríamos que nosso cônjuge implicasse menos conosco, que nossos filhos nos respeitassem mais, que nossos irmãos e irmãs nos tratassem melhor, que nossos colegas e chefes nos apreciassem como merecemos. Além disso, gostaríamos que os políticos fossem mais sensatos e honestos, que as pessoas ricas fossem mais generosas e que os outros motoristas fossem mais respeitosos nas ruas. Mas, para a nossa tristeza, a maioria dessas pessoas está fora de nosso controle. A pessoa sobre a qual temos grande influência é nosso próprio eu. Se quisermos mudar alguém devemos iniciar o trabalho em nós. "Mas eu não sou o problema"!, dizemos. Hum... sim e não. Você e eu somos parte do problema, e talvez pudéssemos ser uma parte maior da solução do que somos no momento.

Então, como deveria ser essa mudança? Ela deveria possibilitar que fôssemos *mais* nós mesmos, não *menos*. Toda mudança deve ser direcionada para sermos verdadeiramente nós mesmos, como Deus nos fez ser; assim, a boa mudança é um movimento em direção ao "nosso melhor eu". Anteriormente falamos sobre visão, e às vezes a melhor maneira de nos imaginarmos é imaginar como Deus nos vê. Quando Ele olha para você, o que vê? Quando Ele sonha com você nos seus melhores momentos, como é esse sonho? Ele não quer colocá-lo dentro de um molde, transformando-o em uma outra pessoa, mas extrair o melhor de quem você é.

Às vezes, quando apareço na televisão, tenho o dever muito desagradável de usar maquiagem para que meu rosto não fique brilhando ou seja ofuscado pela iluminação, e aprendi uma lição muito importante com esse exercício. Um dos maquiadores me disse certa vez que o segredo de uma boa maquiagem é que ela *deve aprimorar* a aparência, e *não modificá-la*; ela deve realçar o melhor de seus traços, e não fazer que a pessoa se torne parecida com outra. (Minhas irmãs certamente reclamarão muito sobre essa analogia com a maquiagem, mas o que fazer?) Isso é, acho eu, o mesmo que Deus quer de nós. Como o melhor "maquiador" da alma, Ele procura aprimorar nosso caráter com as virtudes que nos tornam bonitos, exatamente como somos.

E é justamente na alma que essa beleza está. Geralmente quando pensamos em melhora pessoal nossas mentes instantaneamente se concentram em coisas superficiais. Dietas e exercícios provavelmente são os primeiros da lista. "Se eu estivesse em melhor forma – pensam – poderia entrar neste vestido... ter mais autoconfiança... fazer amigos com mais facilidade...". Tudo bem, mas será que essas são verdadeiramente as coisas mais importantes?

Jesus nos encaminha para outra direção; Ele diz que os "pagãos" ficam muito entusiasmados com comida e roupa, mas que seus seguidores supostamente deveriam olhar acima e além dessas coisas. Os bens materiais nunca podem ser nosso tesouro mais querido ou nossa maior prioridade. São Paulo, em sua Carta aos Colossenses, escreveu: "Se ressuscitastes com Cristo, buscai as coisas do alto, onde Cristo está entronizado à direita de Deus; cuidai das coisas do alto, não do que é da terra" (Cl 3,1-2). Quanto tempo você gasta "buscando as coisas do alto?" Qual é a importância que elas têm para nós?

A coragem para modificar as coisas que podemos modificar começa com um esforço sincero para modificar a nós mesmos, especialmente nosso eu espiritual.

*Senhor, sei que é mais fácil ver as coisas que eu gostaria de modificar nos outros, mas agora você me chama para modificar a mim mesmo, e estou pronto. Mostre-me, Senhor, como você gostaria que eu fosse. Dê-me uma visão do tipo de pessoa que você criou para que eu me transformasse nela. Estou pronto para realizar seja o que for que você pedir de mim. Meu coração está pronto.*

# 24

## Abençoados sejam os misericordiosos

Vimos que a coragem para nos modificar não se refere primordialmente a mudanças cosméticas. Dietas e metas de bem-estar físico são ótimas, mas tornam-se insignificantes ao lado de uma verdadeira transformação interna. São Paulo nos lembra que "o exercício corporal é de pouca utilidade, ao passo que a piedade é útil para tudo, pois tem a promessa da vida presente e da futura" (1Tm 4,8). Há uma mudança interna que vale muito mais a pena do que qualquer mudança externa, e de todas as mudanças internas que podemos buscar, nenhuma é tão essencial do que mudar nosso coração. Somos chamados a pensar e a agir à semelhança de Cristo.

O que torna a moralidade cristã única? Em que ela se diferencia da moralidade de outras religiões? Entre todas as explicações possíveis, talvez não haja nada tão singular, baseado nos ensinamentos de Jesus, do que a centralidade da misericórdia. Sem isso, simplesmente estaríamos perdidos. Todos nós, sem exceção, precisamos de misericórdia. Ela é um grande presente que não merecemos e sem o qual não podemos viver. No entanto, embora a misericórdia seja "grátis", ela tem um preço, ou seja: Jesus estipula que para recebermos misericórdia também devemos manifestá-la. Para receber o perdão divino devemos igualmente oferecer nosso perdão aos nossos semelhantes.

Acredito que a estipulação que Jesus fez sobre a misericórdia não é um toma lá dá cá, como se Ele estivesse estipulando um "custo" para ela. Penso, ao contrário, que Ele está dizendo que somente um coração misericordioso é capaz de receber a misericórdia de Deus e que, talvez com maior importância, aquele que verdadeiramente sentiu o amor misericordioso de Deus nas profundezas de sua alma não pode ser outra coisa senão misericordioso com os outros. Quando uma mulher conhecida como pecadora lavou os pés de Jesus com suas lágrimas e os enxugou com seu cabelo, Ele disse: "por isso [...] os muitos pecados que ela cometeu estão perdoados, pois ela mostrou muito amor. Aquele, porém, a quem menos se perdoa, ama-se menos" (Lc 7,47).

Os evangelhos comprovam isso a cada momento. Jesus ensina seus apóstolos a orar: "Perdoai-nos as nossas ofensas assim como nós perdoamos a quem nos têm ofendido". Ele declara que os misericordiosos serão abençoados justamente porque usaram de misericórdia. Nesse sentido, conta-nos uma parábola convincente sobre um servo que teve uma enorme dívida perdoada pelo seu patrão, mas que cobrou impiedosamente um colega que lhe devia uma pequena fração daquilo lhe fora perdoado (Mt 18,21-35). Jesus nos garante que todos os nossos pecados e erros podem ser perdoados, mas que também devemos estar dispostos a ter a mesma misericórdia para com nossos irmãos e irmãs. Aprender a perdoar nos enobrece, fazendo-nos como nosso Pai do céu, que é repleto de misericórdia.

Os antigos consideravam a justiça como a maior virtude humana e o *homem justo* como o pináculo da moralidade. Jesus não diminui em nada a importância da justiça, mas, pelo contrário, agregou importância a ela. Como Ele mesmo disse, não veio para abolir a lei – ou as virtudes clássicas, podemos acrescentar –, e sim para cumpri-la. A justiça, se não vir coroada pela misericórdia, será incompleta. Em uma de suas encíclicas mais bonitas, João Paulo II trata dessa questão. Ele ousadamente afirma que "a justiça sozinha não é suficiente" e que "ela pode até levar à negação e destruição de si mesma, se não permitirmos que o amor, aquele poder mais profundo, dê forma à vida humana em suas várias dimensões"[32]. A misericórdia rompe o ciclo de recriminação mútua e permite que a verdadeira paz reine, a começar por nosso próprio coração.

Pense nos conflitos atuais do mundo. Qual é a sua causa mais profunda? Suponho que sejam muitíssimas, mas ao recordar algumas delas vejo a não realização da paz. Elas parecem estar presas em um ciclo de retaliação e ódio, ambos nascidos do sofrimento. "Nós fomos feridos [dizem os povos dessas regiões], então nós partimos para o ataque. Fomos tratados injustamente, então revidamos". No entanto, as pessoas do outro lado do conflito também acham que foram tratadas injustamente, e também revidam, e assim por diante. Quando isso irá terminar? Somente quando alguém tiver a generosidade e a coragem de dizer: "Parem! Basta! Escolho a misericórdia".

Isso não é um convite para ser fraco ou para abandonar princípios de justiça. Mas às vezes a justiça simplesmente não é o primeiro ponto a ser abordado, mas a misericórdia.

Meu maior desafio espiritual – e maior bênção – dos últimos tempos foi aprender a amar alguém cujas escolhas de vida contrastam flagrantemente com minhas crenças. Estou falando sobre minha querida irmã Anne Marie. Ela disse à família que estava saindo com outras mulheres. Isso foi um choque para nós, já que conhecíamos seus namorados anteriores e ela nunca havia mencionado ou expressado qualquer tipo inclinação homossexual, e tampouco se

---

32 PAPA JOÃO PAULO II. Carta encíclica *Dives in Misericordia,* 1980, n. 12.

encaixava nos estereótipos de uma lésbica. No início o impacto foi, por assim dizer, suavizado, pois ela não tinha uma parceira séria. Anne Marie participava das reuniões de família e, nessas ocasiões, ninguém falava sobre o fato. Particularmente nos comunicávamos em mensagens privadas; o que também ocorria em relação aos outros membros da família. Nessas ocasiões eu não sabia o que escrever sobre o fato, mas certa vez escrevi algo parecido com isso: "Anne Marie, você sabe que eu acredito que o comportamento homossexual é imoral e, portanto, pouco saudável para a alma. Assim, não posso encorajá-la nisso, mas saiba que eu sempre vou amá-la, não importa o que aconteça". – Antes de continuar devo dizer que Anne Marie não só me permitiu escrever sobre a sua situação, mas também me encorajou a falar sobre o que ela e eu estamos aprendendo juntos; sobre como famílias cristãs com um membro que é atraído pelo mesmo sexo podem aprender a se amar mutuamente, de como podem viver a misericórdia entre desacordos pessoais impactantes.

Quando eu disse a Anne Marie que sempre a amaria, não importando o que acontecesse, não pude supor como a situação se tornaria difícil, de como eu teria dificuldade de amá-la com os desdobramentos ocorridos. Ela passou a sair "seriamente" com alguém e depois se mudou para Washington, DC, onde a lei permitia que elas se casassem. A partir disso as coisas foram ficando difíceis para toda a família. Nenhum de nós partilhava da convicção de Anne Marie de que ela estava fazendo a coisa certa, mas queríamos expressar nosso amor incondicional por ela. E agora? Deveríamos ou não ir ao seu casamento? Como poderíamos mostrar um amor genuíno e misericordioso para com nossa irmã, filha ou prima sem parecer que estávamos apoiando sua escolha?

Após o casamento, Anne Marie decidiu que não iria mais a qualquer evento familiar em que sua nova esposa não fosse bem-vinda. Havia fortes razões, creio eu, tanto para a escolha de Anne

Marie quanto para o desconforto dos membros da família em convidá-las para os eventos familiares como um casal. Meus irmãos e irmãs, por exemplo, têm crianças pequenas e não queriam ser obrigados por Anne Marie a falar com seus filhos sobre homossexualismo nessa fase da vida; não queriam que Anne Marie apresentasse sua esposa a seus filhos como sua nova tia, com toda a confusão que isso iria criar. A solução que encontrei foi dizer-lhe que não fosse egoísta e que participasse sozinha dos eventos familiares. Na ocasião lhe disse que às vezes temos de fazer um sacrifício pelo benefício de outros. Isso não caiu muito bem. Ela me explicou que durante muitos anos se sentiu como se tivesse "atuando", "vivendo uma mentira" e fingindo ser alguém que não era, e que agora simplesmente não podia mostrar-se integralmente. E disse mais, que até a ideia de ir sozinha a um encontro familiar, para não ofender ninguém, deixava-a com vontade de vomitar.

O dilema chegou ao cume quando todos os irmãos começaram a planejar o aniversário de 80 anos de nosso pai. Desde o começo, Anne Marie disse que ela preferia não fazer parte do planejamento porque seria muito difícil para ela, sabendo que não estaria presente na data.

Estou contando essa história porque acho que isso é um dos dilemas morais mais viscerais e complicados – e cada vez mais comum – em que nos encontramos como cristãos. Ela serve como um estudo de caso para a questão maior deste capítulo, ou seja, aprender a amar como Jesus ama quando a pessoa que estamos tentando amar está ferida, e nós também.

Em nosso caso, Anne Marie e minha família conseguiram um milagre; não um milagre de fazer tremer a Terra, de desaparecer toda a dor, tensão e constrangimento familiar; mas, mesmo assim, aconteceu um milagre. E hoje estou convicto de que foi o primeiro do muitos pequenos milagres que aproximarão os membros de nossa família ainda mais do que antes.

Certa manhã recebi uma mensagem de Anne Marie me perguntando onde ela poderia encontrar a entrevista completa do Papa Francisco, em uma revista italiana, na qual explica como lidaria pastoralmente com uma pessoa homossexual. Como era muito cedo, e nós dois tínhamos visto apenas a manchete da entrevista, eu lhe pedi que me enviasse seus comentários depois que se inteirasse de todo o seu conteúdo. O e-mail que recebi dela me disse que algo maravilhoso, milagroso tinha ocorrido em sua alma. Aqui está parte daquilo que me escreveu:

> Tudo isso para dizer que, com a minha primeira leitura da entrevista do papa, eu senti como se estivesse escutando a voz de Jesus... um Jesus no qual eu podia crer. Tive extrema dificuldade em abrir uma Bíblia nos últimos anos. Ficava com "nó no estômago".
> Ontem senti Jesus por meio das palavras de Francisco. Eu teria ficado desapontada se a entrevista incluísse apenas a substância daquilo que foi enfatizado nos noticiários... mas isso não ocorreu. Ela estava repleta de uma empatia radical, de amor radical, de humanidade radical sem, em qualquer momento, diluir a visão do papa sobre a verdade objetiva. Os recortes das notícias convenientemente deixaram fora as partes sobre as consequências morais que fluem da mensagem simples, profunda e brilhante do Evangelho.

O milagre, a meu ver, é que Anne Marie sentiu, por meio do Papa Francisco, o amor de Deus por ela de uma maneira profunda. Isso não ocorreu devido a uma leitura superficial ou seletiva da entrevista para encaixar com aquilo que ela acredita. As últimas frases da parte do e-mail citado mostram que ela compreendeu perfeitamente que o papa não estava dizendo que "vale tudo". Ela sabia que ele não estava mudando ou negando os ensinamentos da Igreja e da Bíblia sobre a homossexualidade.

Então, o que aconteceu? Por que Anne Marie ficou tão comovida com as palavras do Papa Francisco? Por que minhas muitas tentativas de explicar durante vários anos, quando eu tentava dizer aquilo que ele disse, foram insuficientes e sua explicação foi tão poderosa?

Depois de muitas orações e reflexões penso que a diferença foi esta: enquanto eu sempre me concentrei em "falar a verdade com amor" e "em amar o pecador mas detestar o pecado", a principal preocupação do Papa Francisco foi comunicar o amor de Deus de tal maneira que Anne Marie pudesse senti-lo. Ele fez isso concentrando-se na misericórdia, sem insistir nos pontos controversos.

Talvez seja possível dizer que foi uma simples mudança de tom ou de estratégia. Essa foi minha primeira impressão. Mas agora penso que esse sucesso esteja mais ligado à maneira de ser de Francisco do que sua opção de adotar um tom mais suave ou escolher uma abordagem melhor. A diferença essencial em sua maneira é que ele demonstra como amar as pessoas de tal forma que elas podem sentir seu "amor como amor".

Acho que essa era a maneira de Jesus. Você se lembra de Zaqueu, o cobrador de impostos? Ele era o pior dos piores aos olhos dos judeus, porque era um traidor de seu próprio povo. Cobrava impostos de seus semelhantes judeus para dar aos romanos e ganhava dinheiro cobrando deles mais do que deviam. O Evangelho diz que ele era rico; portanto, deve ter tirado muito dinheiro de muita gente. Sabemos também que ele tinha baixa estatura e não se importava com o que as pessoas pensassem dele, pois o Evangelho diz: "então ele correu à frente e subiu numa árvore para ver Jesus, que devia passar por ali". Um traidor baixinho, sem vergonha, rico e curioso... um retrato nada agradável! O Evangelho continua: "Quando Jesus chegou ao lugar, olhou para cima e disse: 'Zaqueu, desce depressa! Hoje eu devo ficar na tua casa'. Então ele desceu depressa e o recebeu com alegria" (Lc 19,4-6).

O que aconteceu nesse episódio? Jesus começou enfatizando a misericórdia, de tal maneira que permitiu a Zaqueu senti-lo pelo que era. Ele não convidou Zaqueu a descer e a acompanhá-lo à sinagoga para ler a Lei de Moisés sobre o enganar e mentir; não deu uma lição a Zaqueu, dizendo que este era um pecador; não disse que só comeria com ele sob certas condições; não fez Zaqueu ir à casa dele, mas justamente o contrário: "Zaqueu, desce depressa! Hoje eu devo ficar na tua casa". Ele foi para a casa de Zaqueu, onde sabia que o cobrador de impostos "se sentiria em casa". Jesus não abordou Zaqueu como um pregador, tentando convertê-lo, e sim como Pai e Amigo de um filho cheio de defeitos que precisava saber que era amado. Chamando-o pelo nome, Jesus até expressou com que fervor e com que urgência Ele queria estar com Zaqueu: "Zaqueu, desce depressa! Hoje eu devo ficar na tua casa".

Para mim, a parte mais surpreendente e cativante dessa história é que Jesus não sentiu necessidade de explicar para a multidão por que Ele queria passar algum tempo com Zaqueu. Ele estava até mesmo disposto a se arriscar a ser malcompreendido por pessoas importantes. O Evangelho diz: "Ao verem isso, todos começaram a murmurar, dizendo: 'Foi hospedar-se na casa de um pecador!'" (Lc 19,7).

O que sabemos é que Zaqueu pôs-se de pé e disse ao Mestre: "Senhor, Senhor! A metade dos meus bens darei aos pobres, e se prejudiquei alguém, vou devolver quatro vezes mais". Que conversão! Zaqueu agora estava disposto a se aproximar dos pobres em nome da justiça. Por quê? Porque ele sentiu que Jesus o amava!

Vemos a mesma empatia, amor e humanidade (e divindade) radicais de Jesus no trato com a mulher flagrada em adultério. Muitas vezes essa parábola foi citada como prova de que Jesus sempre lidava com pecadores lembrando-lhes de seu pecado ("Vá e não peques mais"). Eu sei muito bem, porque também já fiz isso.

Mas releia a história a partir da perspectiva radical de Jesus de ensinar a mesma verdade sobre o pecado e a conversão. Observe-o começar com misericórdia.

> Os escribas e os fariseus trouxeram uma mulher apanhada em adultério. Colocando-a no meio, disseram a Jesus: "Mestre, esta mulher foi flagrada cometendo adultério. Moisés, na Lei, nos mandou apedrejar tais mulheres. E tu, o que dizes?" Eles perguntavam isso para experimentá-lo e ter motivo para acusá-lo. Mas Jesus, inclinando-se, começou a escrever no chão com o dedo. Como insistissem em perguntar, Jesus ergueu-se e disse: "Quem dentre vós não tiver pecado, atire a primeira pedra!" Inclinando-se de novo, continuou a escrever no chão. Ouvindo isso, foram saindo um por um, a começar pelos mais velhos. Jesus ficou sozinho com a mulher que ainda estava no meio, em pé. Ele levantou-se e disse: "Mulher, onde estão eles? Ninguém te condenou?" (Jo 8,1-11).

Antes de ler as últimas palavras de Jesus para essa mulher, imagine o que os fariseus estavam dizendo sobre Jesus e sua maneira liberal após saírem, quando voltaram a se reunir na esquina. Já que nenhum deles tinha ficado para atirar pedras, não tinham a menor ideia daquilo que Jesus tinha dito àquela mulher. Só sabiam que Ele não a tinha apedrejado. Ele a deixou ir. Ele a perdoou. E porque se importava tanto em comunicar seu amor àquela mulher, de uma maneira que a permitisse sentir isso, Ele estava disposto a enfrentar sérios riscos. No final, as ações de Jesus fariam com que Ele fosse morto, inclusive esse ato de aparentemente se colocar acima da Lei.

Ele sabia que isso iria acontecer, mas tinha vindo à Terra precisamente para salvar os perdidos.

Tendo observado Jesus arriscar sua vida por ela, agora a mulher estava pronta para ouvir o resto da história de misericórdia – a parte sobre arrependimento. Quando todos os fariseus tinham partido, Jesus voltou-se para ela e disse: "Eu também não te condeno. Vai, e de agora em diante não peques mais".

Desde que minha irmã Anne Marie me enviou aquele e-mail que compartilhei com vocês, Deus vem trabalhando firmemente em mim e em outros membros de minha família para nos mostrar como devemos amar Anne Marie sem desistir de nossos princípios e crenças. Na prática, todos nós sentimos o forte chamado de Deus para repensar como viver "como uma família" quando discordamos em questões pessoais tão impactantes.

Não acho que haja uma maneira melhor de explicar o que Deus fez em nós – e continua fazendo – do que compartilhar com vocês outro e-mail muito pessoal, esse de minha outra irmã, Mary Hope. Ela me deu permissão para publicá-lo. A única mudança substancial que fiz no e-mail foi usar um pseudônimo para a companheira de Anne Marie, para proteger sua privacidade.

> Jonathan,
> Acho que Anne Marie pode ter lhe enviado ou estará lhe enviando um e-mail que eu lhe mandei no começo da semana. Como mencionei há duas semanas mais ou menos, Mike [marido de Mary Hope] e eu realmente ficamos emocionados com a entrevista do papa, em conjunção com o e-mail de Annie para você. Eu estava em retiro quando vi a entrevista e usei o fim de semana para realmente ler a entrevista e refletir sobre ela. Por coincidência Mike fez a mesma coisa enquanto eu estava fora.

Gostaria de lhe explicar um pouco mais, já que não expliquei todo o meu raciocínio para Anne, e apenas lhe disse simplesmente que nós dois tínhamos decidido que precisávamos mudar nossa relação com ela e Sally.

Do meu ponto de vista foi, na verdade, um processo muito mais longo do que expliquei a Anne. Naquele sábado, quando eu estava em retiro, o Evangelho era de São Mateus, e foi sobre ele que Francisco falou. O padre que estava dando o retiro falou do grande significado de fazer uma refeição com uma pessoa e de como é importante partilhar nossa vida com as pessoas à nossa volta, especialmente os "pecadores" e os que estão sofrendo. Ele explicou que isso não é apenas uma coisa física, mas é ser uma parte da vida do outro, e de como era importante estender a mão para aqueles que estão perdidos. Eu venho realmente lutando sobre como amá-las completamente, fazer delas uma parte de minha vida sem estar apoiando seu estilo de vida, especialmente como exemplo para meus filhos. Nossa cultura faz com que seja tão normal viver um estilo de vida *gay*, morar junto antes de casar ou tantas outras coisas. Isso está tudo à nossa volta. Quero me certificar de que está claro para meus filhos, especialmente por meio de nosso exemplo, que isso não é um modo de vida normal e que esse modo de vida, em última instância, não faz a pessoa feliz. Até então, estava muito claro para mim e para o Mike que a maneira que devíamos fazer isso era deixar Anne saber que nós a amamos, que adoraríamos tê-la em nossas vidas, mas que não podemos reconhecer o casamento delas e não podemos receber Sally e Annie como um casal com nossos filhos à volta.

Nós achávamos que isso era muito simples e estávamos em paz com a decisão. Sabíamos que nem todos concordavam, mas também sabíamos que precisávamos fazer o que era correto para nossa família.

Então, tudo isso aconteceu. Quando eu estava lendo a entrevista do Papa Francisco ficou tão claro para mim que eu precisava estar imersa em meu relacionamento com Anne Marie... que essa era a única maneira pela qual ela iria sentir o amor de Deus, algo que sinto que ela necessita mais do que qualquer outra coisa. O papa disse que ninguém se salva sozinho, como um indivíduo isolado, mas "Deus nos atrai olhando para a rede complexa de relacionamentos que ocorrem na comunidade humana. Deus entra nessa dinâmica, nessa participação na rede de relacionamentos humanos". Embora não "escolhêssemos" ter esse sofrimento em nossa família, é nossa rede que irá em última instância fazer com que todos nós alcancemos o céu. Se eu tentar escapar daquela rede, não estarei dizendo sim para a vida que Deus me pediu que viva... mesmo que ela possa ser complicada, confusa e difícil.

Ele também menciona que a Igreja precisa curar feridas e que não podemos tentar consertar as questões pequenas quando realmente precisamos curar a pessoa inteira e suas feridas. Quando fizermos isso, então poderemos falar sobre todo o resto. E para fazer isso precisamos de proximidade. Como todos nós, Anne Marie foi magoada e acredito que ela ainda está realmente sofrendo. E embora eu não conheça Sally, sei que ela também foi magoada. Ele depois fala sobre ministros (mas eu tomei aquilo como se fosse comigo também) "aquecendo o coração das pessoas, que caminham pela noite escura com elas, que sabem como dialogar e descer na noite das pessoas, na escuridão, sem se perder". Isso me atingiu... Preciso ter confiança em minha fé com Cristo para não ter medo de estar imersa totalmente na vida de Anne. Acho que foi meu medo por mim e por nossa família.

E finalmente, o Papa Francisco fala sobre estar disposto a ter tensão em nossas vidas. Nunca vamos saber claramente as respostas em nossa vida... não estaríamos crescendo em nossa fé se achássemos que vamos. Detesto não saber com segurança a coisa certa a fazer e o que Deus quer que eu faça. Mas tenho de aceitar que Deus chama a cada um de nós lentamente e só Ele conhece a direção para a qual está nos enviando. Nós apenas temos de responder, mesmo se não compreendermos a direção, e mesmo se não soubermos o resultado final. Detesto isso também! Dá muito medo viver dessa maneira, mas temos de confiar que Deus está nos guiando na direção certa.

Portanto, com isso, Mike e eu não sabemos exatamente como e por que, mas que precisamos abrir mais nossa vida para Anne e Sally, e não temos problema se Sally conhecer as crianças. Não sabemos de que maneira faremos isso, e pode não ser perfeito. Simplesmente tenho de deixar que as coisas aconteçam e confiar que Deus sabe.

Anne respondeu a nosso e-mail tão feliz! Ela quer vir aqui e passar o dia conosco e Sally. Ela está disposta a vir e sair para jantar comigo e Mike se nós não ficarmos confortáveis com elas juntas como um casal perto das crianças. Não sei o que

> vamos fazer; portanto, por favor, reze para
> que façamos isso da maneira correta.
> Sinceramente não quero fazer disso uma coisa "muito importante". As crianças mais velhas sabem que Anne é *gay*. E com as mais novas vamos dizer que Sally é amiga da Anne, e explicar as coisas à medida que for necessário quando elas ficarem mais velhas.
> Não sei para onde iremos a partir daqui, mas eu realmente queria que você soubesse onde estamos, já que sabia que Anne iria compartilhar nosso e-mail com você.
> Não posso esperar para ver você na semana que vem.
> Te amo muito!
>
> Mary Hope

Como você pode perceber, nossa família ainda é, e muito, "uma obra em progresso". Minha mãe e meu pai, meus seis irmãos e irmãs, todos nós estamos abordando essa situação e outras de maneira diferente. Estamos tentando ser pacientes e aprender uns com os outros, respeitando o fato de o momento oportuno de Deus para um de nós não ser necessariamente seu momento oportuno para todos.

Essa viagem de repensar como Deus me convida a amar leva-me continuamente a "começar com misericórdia", em suas três características notórias: amar (1) sem medo de ser malcompreendido por terceiros, (2) sem contar o custo e (3) sem qualquer agenda pessoal a não ser o bem da pessoa que estou tentando amar.

A coragem para modificar aquilo que podemos modificar significa romper a dureza em nosso coração e permitir que a bondade de Cristo brilhe em nossas vidas, particularmente começando com misericórdia!

*Senhor, sei que preciso de misericórdia, porque pequei. Agradeço-lhe por me oferecer misericórdia a cada dia de minha vida. Hoje eu lhe peço pela graça de ser corajoso na misericórdia que ofereço a outros. Penso especialmente nas pessoas que me ofenderam, naquelas que se arrependeram e nas que não se arrependeram. Estou pronto para perdoar a justa causa que tenho contra elas, com sua graça.*

# 25

## *Uma ponte para a reconciliação*

Uma das piores torturas conhecidas pelo homem, reservada aos piores criminosos, é a prisão em regime de isolamento. Judy Clark, a presidiária sobre quem falamos anteriormente, foi castigada com dois anos inteiros de regime de isolamento, quando guardas encontraram as cartas que ela escreveu, no começo de sua condenação, esboçando sua esperança de fuga. Judy me descreveu como é a "prisão em isolamento" e me falou sobre os muitos outros presidiários na mesma situação que ficaram loucos após períodos bem mais curtos. Contou que ouvia presidiários vizinhos a ela comendo seu colchão porque tinham perdido completamente o contato com a realidade.

Como animais sociais nós, seres humanos, fomos feitos para estarmos uns com os outros, e não suportamos ficar sozinhos durante muito tempo. Isso nos faz enlouquecer porque é na comunhão com outras pessoas que somos capazes de encontrar a nós mesmos. Deus não estava brincando quando disse que não é bom para o homem estar sozinho!

Por mais terrível que seja o isolamento, às vezes, impomos um castigo semelhante a nós mesmos. O distanciamento dos outros pode ser comparado como a "prisão em isolamento", no sentido de que as barreiras que estabelecemos nos separam deles e nos deixam a sós. Quando fomos magoados e traídos somos tentados a nos retrair. Decidimos que já não podemos confiar em outras pessoas ou perdoar o mal que sofremos. Conheço pessoas que passaram anos separadas de seus pais ou irmãos por motivo de briga. Não conseguiam estabelecer um diálogo para romper o muro entre eles, e com frequência rejeitavam as tentativas dos outros de estender-lhes a mão. Isso não é uma prisão? Isso não é um muro tão intransponível quanto uma cerca de arame farpado ou barras de aço?

A reconciliação está no âmago da fé cristã; sem ela, nossa religião não significaria nada. Jesus veio à terra para ser nossa salvação; isto é, nossa reconciliação com Deus e entre nós. Ele veio como um libertador, mas não para nos livrar da opressão externa ou da dominação política, e sim da escravidão do pecado que nos separa de Deus e de nossos semelhantes, e a paz que Ele nos oferece é fruto dessa libertação.

Uma das parábolas mais conhecidas e mais comoventes que Jesus contou foi a do filho pródigo (Lc 15,11-32). Por meio dessa história Jesus revela como é o coração de Deus e como Ele anseia pela reconciliação e comunhão com seus filhos. Essa parábola mostra que o Pai respeita profundamente a liberdade de seus filhos, mesmo quando eles fazem mau uso dela. Ele não nos força a amá-lo. Assim, quando o filho mais novo pede a seu pai sua parte da herança, este não hesita em fazê-lo. Ele a dá ao filho, sabendo muito bem que irá gastar o que foi conquistado durante anos, com muito trabalho. E isso realmente ocorre.

Mas o pai – que tem todo o direito de estar furioso e ressentido – continua sendo magnânimo. Quando o filho volta para casa, exausto e faminto, ele reage de maneira inesperada. Não repreende o filho; não diz: "Eu lhe avisei"; sequer espera que o filho se desculpe por suas ações. Mas, ao contrário, sai correndo de casa e vai ao encontro dele. Sua alegria por ter seu filho em casa novamente se sobrepõe a todo o resto. Simplesmente chama seus empregados e lhes diz para que tragam uma túnica, um anel e sandálias para o filho, ordenando que eles matem um bezerro especial para que ele possa dar uma festa de boas-vindas apropriada àquele filho rebelde.

O que parece evidente é que Deus não suporta ficar longe de seus filhos; que, ao nos desgarrarmos dele, Ele se sente desconfortável. Não é a raiva que o conduz, nem sequer a dor de nossas ofensas, mas seu amor profundo e duradouro por nós se mostra especialmente como misericórdia e reconciliação.

Reconciliar-se é reconstruir uma ponte que foi quebrada, restaurar a união que foi partida. Mais do que qualquer outra coisa, o perdão de Deus remove as barreiras que nos mantêm separados dele e dos nossos semelhantes.

Não acho que seja mera coincidência que o filho mais velho – aquele que externamente se comportou perfeitamente, aquele que nunca teria agido como seu irmão mais novo – seja incapaz de mostrar misericórdia quando seu irmão retorna.

Mas o que essa reconciliação tem a ver com modificar as coisas que podemos modificar? A reconciliação não é meramente um presente de Deus. Ela exige de nós duas coisas. Primeiro precisamos ter a coragem de pedir e aceitar a misericórdia de Deus, que é dada gratuitamente. Exatamente como o pai do filho pródigo esperou pacientemente até que este voltasse para casa, Deus não irá enviar um grupo armado para nos forçar a voltar para Ele. Certamente irá nos abraçar quando o fizermos, mas devemos querer voltar. Segundo, necessitamos da coragem para estender a misericórdia também para os outros. Como nós a recebemos gratuitamente, Deus nos pede que a demos também gratuitamente. Felizmente, quanto mais sentimos os efeitos da misericórdia de Deus em nossas vidas, mais fácil é ter misericórdia para com os outros.

A mesma experiência desumana da "prisão em isolamento" que levou alguns colegas presidiários de Judy Clark à insanidade, impeliu-a a tomar a decisão corajosa de mudar sua vida. Nas horas mais escuras e solitárias de sua vida ela veio aceitar o erro que tinha feito e a possibilidade de redenção pessoal, mesmo estando presa. Especificamente, ela decidiu aceitar a verdade sobre os métodos irracionais e cruéis do grupo revolucionário do qual fazia parte. Nós também temos uma escolha; quando há distância entre nosso coração e o coração de Deus ou entre nós e uma outra pessoa, podemos construir uma ponte de arrependimento e reconciliação.

*Senhor, eu lhe agradeço por não considerar a distância entre você e eu grande demais ou pequena demais para que isso lhe preocupe.*
*Você construiu uma ponte de redenção para mim.*
*Agora, Senhor, tentarei construir uma ponte de misericórdia para aquelas pessoas que me ofenderam. Ciente da misericórdia que você me mostrou, de bom grado me desfaço de todo o ressentimento e amargura para com outras pessoas.*

# 26

## *Carregando a cruz uns dos outros*

Quando estamos sofrendo, é muito difícil ver além de nossa dor o mundo à nossa volta. É precisamente esse "alcançar além de nós mesmos", no entanto, que nos oferece a oportunidade de começar a curar as feridas em nossa alma. Quando ficamos cientes de que todos ao nosso redor têm alguma dor ou sofrem – ou, na linguagem cristã, têm sua "cruz para carregar" –, crescemos em nossa comunhão com eles, e nossa tristeza passa a ser um veículo para compreender a tristeza deles. Esse é o significado da bela virtude de compaixão, uma palavra que vem do latim e significa "sofrer com" uma outra pessoa. Sentir compaixão é nos apropriarmos das tristezas de outros, entrar e participar do mundo deles. Essa virtude é exemplificada por minha amiga Judy Clark, que encontrou na compaixão uma porta para a liberdade por trás das grades.

> Todos os dias interajo com pessoas cujas vidas são complicadas, difíceis e terríveis. [...] Sento com mães recentes que acabam de dar à luz e que estão ao mesmo tempo sentindo a tristeza de não ter uma família com elas naquele momento tão especial e também extremamente felizes e se apaixonando por seus incríveis bebezinhos. Sentando-me e escutando-as,

> segurando essas novas vidas em meus braços, sinto como um momento sagrado que me estimula e me renova. Também me sinto surpresa e grata por ter essa oportunidade, exatamente como me sinto grata por compartilhar a tristeza e a raiva de alguém ou tentar ajudar a solucionar o enigma de como chegaram aqui. É tudo muito profundo e significativo e está conectado ao meu trabalho de reparação permanente.

O sofrimento pode nos isolar, mas também pode nos abrir para os outros. Bem-vivido, ele pode nos amadurecer e capacitar a nutrir outros com nossa sabedoria, paz e compreensão. Essa segunda parte da oração atribuída a São Francisco reflete esse desejo e capacidade de nutrir outros por meio de nossas próprias lutas:

> Ó Mestre, fazei que eu procure mais
> consolar, que ser consolado;
> compreender, que ser compreendido;
> amar, que ser amado.
> Pois é dando que se recebe,
> é perdoando que se é perdoado,
> e é morrendo que se vive para a vida eterna.

Francisco orava pelo autoesquecimento, para ser capaz de ver e sentir as necessidades dos outros acima das suas. Ele orava pelo dom da empatia. Todos nós tendemos ao egoísmo, queremos ser compreendidos, escutados, respeitados. Mas nosso desejo por tudo isso não é mais importante do que oferecer isso aos outros. A grandiosa Catarina de Sena, a quem me referi anteriormente, fez um pacto com Jesus que acho extraordinariamente belo em sua simplicidade e praticidade. Ou, melhor dito, Jesus fez um pacto com ela, que corajosamente aceitou. "Catarina, você cuida do meu negócio e eu cuidarei do seu". Esse é o mesmo pacto que Jesus quer fazer com cada um de nós: "Confie em mim para cuidar de você enquanto você esquece de você mesmo e viva pelos outros". A fé cristã diz que o egoísmo é fruto do pecado original e uma tendência contra a qual devemos lutar resolutamente. Uma das primeiras coisas que as criancinhas aprendem é a serem possessivas: "Isso é meu". "Me dá isso". Embora essa tendência venha naturalmente, o desejo de dar presentes normalmente não. Precisamos nos treinar para pensar nos outros e para nos tornarmos conscientes de suas necessidades, sentimentos e bem-estar.

Um dos muitos paradoxos da vida é este: quanto mais nos concentramos em nós mesmos e em nosso bem-estar, em detrimento do outro, mais indecisos e infelizes nos tornamos. Quando Jesus disse que há mais alegria a ser encontrada em dar do que em receber, Ele não estava nos dando uma ordem para que nos envolvamos em um comportamento sobre-humano, mas explicando uma simples verdade acerca da natureza humana. A alegria de dar não é um prêmio ou recompensa a ser dada para aquele que se comporta corretamente, mas vem do próprio ato de dar. Quando amamos os outros, quando damos altruisticamente, sentimos alegria.

O egoísmo, além de ser um erro, é pouco saudável psicologicamente. Com efeito, em um certo sentido ele é errado precisamente porque é pouco saudável. O egoísmo nos diminui, destruindo nossa dignidade de seres humanos. Não é fascinante que essa verdade psicológica seja evidente até algum ponto para todos, fiéis e não fiéis? Nossos heróis, aqueles que admiramos e temos como modelos, são inevitavelmente pessoas que viveram de modo altruísta. As pessoas que buscam primordialmente seu próprio interesse e bem-estar nesta vida, por mais bem-sucedidas que possam ser, raramente serão lembradas no futuro como modelo de vida.

A "coragem para modificar o que podemos modificar" implica a generosidade para olhar além de nós mesmos e ver as necessidades dos outros. Talvez não seja possível consertar tudo, mas podemos fazer alguma coisa. Diariamente nos são apresentadas oportunidades para estendermos a mão, ajudar alguém necessitado, servir. Não mudamos o mundo *de uma só vez* por algum edito, mas por um ato de bondade *de cada vez*.

Talvez você tenha visto aquele filme encantador de 2007 chamado *Evan, o todo poderoso,* com Steve Carell como Evan, um Noé moderno, e Morgan Freeman como Deus. Deus pediu que Evan construísse uma arca para a diversão de seus vizinhos, amigos e família. Ele o fez obedientemente, e em breve seu quintal passou a ser um jardim zoológico, com grande variedade de animais, grandes e pequenos. Mas o filme termina com Deus dizendo a Evan que ele entendeu mal. A maneira de modificar o mundo, diz Ele, é fazendo um Ato de Bondade Aleatória (*Act of Random Kindness* ou Ark em inglês) de cada vez. Essa é uma mensagem hollywoodiana fundamentalmente verdadeira. O mundo pode ser transformado por atos de bondade, e esses são do tipo Ark, que cada um de nós pode construir diariamente. Gastamos uma enorme quantidade de tempo e energia – corretamente – tentando consertar a política. Mas nenhum prefeito, senador, juiz ou presidente pode fazer aquilo que podemos fazer juntos por nosso vizinho.

*Senhor, estou bastante consciente de minhas necessidades e desejos, mas, infelizmente, estou muito menos consciente das necessidades e desejos dos outros. Ajude-me a aprender a pôr os outros em primeiro lugar. Ajude-me a livrar de meu egoísmo, a fim de servir e amar, como você faz. Ensina-me a ser verdadeiramente misericordioso com as pessoas. E deixe-me sentir a alegria de dar, em vez de receber.*

# 27

# Coragem para se levantar novamente depois de cair

Se você alguma vez teve a experiência de começar alguma coisa, provavelmente também terá tido a experiência de fracassar. Mesmo aquelas pessoas especialmente talentosas que sempre parecem cair de pé, normalmente têm uma história surpreendente de tentativas fracassadas. Elas se tornaram exitosas porque não tiveram medo de fazer tentativas.

É tão fácil pensar que somos aqueles que não têm sorte. Provavelmente você se lembra daquele desenho animado do *Peanuts*. Após ter perdido um jogo de beisebol, Linus tenta consolar Charlie Brown com o velho clichê "A gente ganha algumas e perde algumas". Charlie Brown pensa por um momento e responde: "Puxa, isso seria legal!"

O fato é que, por mais coragem que seja necessária para subir no picadeiro, ainda mais coragem é necessária para subir novamente quando nos empurraram para fora dele. A coragem para modificar as coisas que podemos modificar não é um programa para os fracos. Nada que valha a pena fazer é fácil e raramente temos sucesso na primeira tentativa. Nesse sentido, modificar as coisas que podemos modificar exige aprender como vencer não só os obstáculos pelo caminho, mas também a experiência de nosso próprio fracasso.

Em um número de 1993 de *US News & World Report*, John Leo lamentava uma campanha crescente para remover esportes competitivos das escolas com o objetivo de proteger os alunos de "traumas". Alguns educadores bem-intencionados – mas, a meu ver, enganados – acharam que era melhor colocar todas as crianças na mesma equipe em vez de envolvê-las em jogos competitivos, que terminam com alguns vencedores e alguns perdedores. Uma atividade não competitiva saudável, segundo esses educadores, seria que a turma inteira rolasse uma bola de borracha gigantesca em volta do ginásio. Como Leo argumentou persuasivamente, o sucesso dessa campanha teria sido uma desgraça para o país.

Os esportes ensinam a virtude da determinação, um trabalho de equipe de não desistência e com coragem. Aprender a perder e aprender a ganhar, aprender a levantar quando caímos, recolher nossas ferramentas e começar tudo outra vez... Essa virtude foi principalmente responsável pelas maiores realizações pessoais e cooperativas da humanidade. Cita-se o Duque de Wellington dizendo que "a Batalha de Waterloo foi vencida nos campos de jogo de Eton". Aprender determinação também significa aprender a perder bem. É fácil ser um bom vencedor, mas muito mais difícil ser um bom perdedor.

Anos atrás um amigo meu e pastor protestante disse algo que realmente me fez pensar. Ele fez a surpreendente declaração de que o pior inimigo do cristão – depois do pecado – é o desânimo, pois ele é um dos instrumentos preferidos do diabo. "O desânimo [disse ele] gera inatividade, abdicação de responsabilidade e, em última instância, desespero". Essa afirmação, por mais exagerada que possa parecer, é compatível com minha experiência. O desânimo nos desmotiva, soterrando-nos em uma lamentação estéril.

Nada nos desacelera mais do que o desânimo. Ele suga nossa energia e nosso entusiasmo, puxando-nos para a profundeza de nós mesmos e apagando a luz e a coragem que o Espírito Santo nos dá. Especialmente após uma queda, o diabo tenta nos persuadir a chafurdar na autocompaixão, como um técnico de boxe dizendo ao atleta para ficar no chão do ringue. O demônio pinta tudo de negro, não nos deixando concentrar na misericórdia e na graça de Deus, mas em nossa infelicidade. Ele quer que "chutemos o balde" e desistamos de lutar. E nos diz: "De que adianta? A quem você está tentando enganar? Você não consegue fazer isso". No entanto, nós sabemos que Deus não pensa dessa maneira. Ele nos quer de volta à luta.

A solução para o desânimo não é evitar desafios ou limitar nossa exposição. Em vez disso, precisamos de maturidade emocional e espiritual, baseada na certeza de que Deus nos pede fidelidade, não sucesso. Tampouco Ele nos pede otimismo, mas realismo, que leve em conta sua graça. Essa visão que inclui aquilo que sabemos pela fé – que Deus já ganhou a guerra – permite que tanto o pessimista quanto o otimista vivam na verdade.

Não é nada divertido cair repetidamente. É especialmente irritante cair novamente em erros que achávamos ter deixado para trás. Como resultado, pode ser frustrante examinar nossa consciência quando não vemos progresso algum. Se não olharmos para ela, talvez nossos defeitos fossem embora, mas não estamos sozinhos na tentação ao desânimo. Com muita frequência nos evangelhos Jesus diz a seus discípulos para terem esperança, criarem coragem, não terem medo. E o Senhor nos convida a ter confiança não *apesar* de nossas fraquezas, mas por *causa* delas. Nossa pobreza não o afasta; ela faz com que seu coração tenha compaixão. E Ele ajuda todos aqueles que colocam sua confiança nele.

Se examinarmos o desânimo de perto encontraremos algumas coisas que poderão nos surpreender. A primeira é que o desânimo não se origina do excesso de humildade, mas de orgulho. Muitas vezes temos uma opinião tão favorável de nós mesmos que, quando não nos desempenhamos segundo os padrões que estabelecemos, ficamos desanimados. Exageramos em nossa importância, como se nossas fraquezas e pecados fossem mais pesados do que a misericórdia e a bondade de Deus.

Às vezes o desânimo também surge porque não nos conhecemos muito bem. Temos uma ideia inflacionada de nós mesmos e de nossa virtude, de tal forma que, quando caímos, ficamos surpresos, confusos e envergonhados, querendo desistir. Mas nesse caso a dor não vem tanto por termos fracassado e ofendido a Deus, mas pelo amor-próprio ferido. Ficamos constrangidos e humilhados por nos vermos tão frágeis.

Percebo isso em minha própria vida. Por causa da comunicação digital, sempre que apareço na televisão, faço um sermão ou escrevo um artigo ou um livro tenho um retorno enorme. Parte dele é positivo, parte negativo e outra parte cruel. Quando vejo comentários maldosos de pessoas desconhecidas ou que estão zangadas com Deus ou com a Igreja, isso não me incomoda em nada. Na verdade, é até um pouco divertido, já que me ensina algo sobre a humanidade e sobre do que somos capazes quando achamos que somos anônimos. Mas quando recebo uma simples crítica de pessoas que conheço, isso realmente me dói muito. E dói porque sou orgulhoso e vaidoso; quero ser amado e respeitado; quero ser inteligente e perspicaz; quero estar certo. Quando sou criticado publicamente, seja de maneira justa ou injusta, uma das minhas reações é jogar a toalha, dizendo para mim mesmo: "Será que realmente vale a pena?" Só o tempo e a oração me fazem aceitar que a causa de meu desânimo é o ego ferido, e que ele não é a voz de Deus.

Deixar de lado o desânimo e confiar em Deus exige que mudemos nosso foco, passando de nossa pequenez para a grandeza dele. O desânimo normalmente se mostra quando paramos de olhar para Deus (para quem todas as coisas são possíveis) e ficamos obcecados por nós mesmos (nós que não podemos nada sem Ele). Pode até parecer que o desânimo seja uma reação "apropriada" ou humilde ao insucesso, como se uma confiança otimista em Deus de alguma maneira entrasse em conflito com a realidade de nossa fragilidade.

Nessas situações é especialmente útil tratar o desânimo como uma tentação. Sentir pena de nós mesmos e permitir que o desânimo nos domine não é bom para ninguém. Não nos ajuda, não agrada a Deus e não beneficia outras pessoas. Na verdade, somente quem leva alguma vantagem quando estamos desanimados é o demônio, que se alegra ao nos ver duvidar do amor e da misericórdia de Deus.

Pense no bom Pedro, caminhando sobre a água, vivenciando um milagre. O Evangelho diz: "mas sentindo o vento ficou com medo e começando a afundar, gritou: 'Senhor, salvai-me'" (Mt 14,30). Em outras palavras, no momento em que ele tirou os olhos de Cristo e começou a olhar ao seu redor e para as dificuldades, pensando sobre sua incapacidade humana de fazer aquilo que estava fazendo, começou a afundar. Nossa coragem e confiança vêm da força e da fidelidade de Deus, não de nós mesmos. É seu poder que nos levanta e nos permite fazer muitas coisas que nunca poderíamos fazer sozinhos.

Para vencer o desânimo duas virtudes são essenciais: coragem e esperança. A coragem nos fortalece para avançarmos, apesar das dificuldades. Continuamos não permitindo que os contratempos nos derrubem. A esperança, por outro lado, nos ensina a confiar em Deus, que nos dará a graça de que necessitamos para melhorar e que nos promete a vitória final. Ele nunca nos abandona em nossa hora de necessidade; permanece ao nosso lado, perdoa nossos erros e nos consola. Unidos a Ele, podemos verdadeiramente fazer todas as coisas, ainda que o progresso possa parecer dolorosamente lento. Algum dia, talvez em breve, veremos nossa confiança recompensada.

Isso é verdade não apenas para nossos contratempos cotidianos, mas também para nossas derrotas morais e espirituais. Deus não intenciona o pecado, mas quando pecamos Ele nos oferece sua misericórdia imediatamente; não é sua intenção que permaneçamos separados dele. O grande santo de Auschwitz, Maximiliano Kolbe, escreveu: "Sempre que você se sentir culpado, ainda se for porque conscientemente cometeu um pecado, um pecado sério, algo que você fez muitas e muitas vezes, nunca deixe que o diabo o engane permitindo que ele o desanime"[33]. O diabo nos dirá que somos perdedores, que Deus já se cansou de nós, que não há qualquer esperança para gente como nós. Mas ele é o pai das mentiras.

Precisamos da coragem para nos levantarmos mais uma vez e começar tudo novamente, com humildade e confiança. Deus pode trazer coisas maravilhosas a partir de nossos insucessos e quedas, a começar por um maior reconhecimento de nossas fraquezas e de nossa necessidade de sua graça. Mesmo quando nos afundamos muito, fizemos coisas muito ruins ou nos afastamos de Deus por um longo período, a esperança não só continua a ser uma opção, mas é um imperativo. O Pai sempre nos chama de volta para Ele, sempre deseja nossa amizade e sempre estende sua misericórdia para todo aquele que dela necessitar. Ele nos quer de volta!

*Senhor, fiz muitas coisas ruins em minha vida. Raramente cumpri minhas resoluções, e não sou aquela pessoa generosa e carinhosa que você quer que eu seja. Mas creio no seu amor. Acredito em seu poder de me transformar. Creio que você quer que eu me levante outra vez e continue lutando. Faça prosperar a obra de minhas mãos!*

---

33 KOLBE, M. *Stronger Than Hatred:* A Collection of Spiritual Writings. 2. ed. Hyde Park, NY: New City Press, 1988.

# 28

## *Comece com passinhos de bebê*

No filme hilariante de 1991, *Nosso Querido Bob,* Richard Dreyfuss faz o papel de um bem-sucedido psiquiatra, Dr. Leo Marvin, que tem de lidar com o obsessivo-compulsivo Bob, representado por Bill Murray. Quando ele conhece Bob, não sente vontade de tratá-lo; tenta, então, disfarçadamente recusá-lo dando-lhe uma cópia de seu novo livro, *Baby Steps* [Passinhos de bebê]. Sua conversa com Bob é mais ou menos assim:

> BOB: – Passinhos de bebê.
> MARVIN: – Significa estabelecer metas pequenas, razoáveis para você mesmo. Um dia de cada vez, um passo mínimo de cada vez – metas possíveis, realizáveis.
> BOB: – Passinhos de bebê.
> MARVIN: – Quando você deixar este consultório, não pense sobre tudo que você tem de fazer para sair do prédio, apenas pense em sair da sala. Quando você chegar ao *hall*, lide apenas com o *hall*. E assim por diante. Passinhos de bebê.

Por mais estranho que isso possa parecer, o conselho de Marvin não é ruim, pois resume milênios de sólida sabedoria humana. Voltando-nos para Esopo, lembremos seu provérbio: "Quem segue devagar e com constância chega sempre à frente", que é ilustrado pela tartaruga que vence a lebre em uma corrida. "Roma não se fez em um dia" é um provérbio francês do final dos anos de 1100 sobre a necessidade de paciência e perseverança em nossos esforços. E a sabedoria medieval nos encoraja a *age quod agis* ou "faça o que você estiver fazendo", uma versão mais antiga de viver no momento e dar um passo de cada vez. Muitas vezes não temos sucesso em nossas resoluções porque não estabelecemos um ritmo para nós mesmos; também não medimos nossos recursos nem avaliamos nossas habilidades. Ou seja, mordemos um pedaço maior do que podemos mastigar e nos vemos frustrados e irritados.

Jesus contou uma parábola que defende essa ideia, a de um rei imprudente que, com dez mil soldados, foi lutar contra um exército inimigo que tinha vinte mil soldados (Lc 14,31-33). Nem pense nisso, aconselha Jesus; em vez disso, mande um mensageiro para suplicar pela paz antes de as coisas ficarem feias. E apenas para ajudar a compreender melhor a mensagem, Ele também dá o exemplo de um homem que quer construir uma torre, mas não tem recursos suficientes para concluí-la. Quando ele deixa a torre construída pela metade, passa a ser alvo de risos da comunidade. Tendo morado em Roma por vários anos, posso entender perfeitamente o argumento de Jesus. Ele quer que sejamos realistas e que gerenciemos nossos projetos com inteligência. Passinhos de bebê; ou seja, é melhor assumir um projeto menor que iremos terminar do que um mais ambicioso que deixaremos pela metade.

Mas o que tudo isso tem a ver com você e comigo? Se queremos mudar precisamos pinçar áreas pequenas e concretas e trabalhar com elas. Não vamos mudar da noite para o dia. Pense em todas as vezes que você fez resoluções de Ano-novo e que não levaram a lugar algum. Pense sobre as melhores resoluções que você fez e depois sobre as piores. Lembre-se daquelas que você manteve e das que você abandonou. Parece-me que muitos de nossos insucessos têm origem em programas muito ambiciosos, feitos em um momento de fervor e abandonados com a mesma rapidez em um momento de apatia. "O que eu estava pensando?", perguntamos a nós mesmos. A coragem para modificar as coisas que podemos modificar é uma virtude que se movimenta de uma maneira inteligente e com persistência. A vida é uma maratona, não uma corridinha de cinquenta metros. Nós estamos nela para o longo prazo, e só os programas que reconhecem isso são bem-sucedidos no final.

*Senhor, sei que você quer que eu continue seguindo adiante, mesmo que isso signifique fazê-lo com um ritmo de lesma. Ajude-me a dar passos pequenos mas significativos no caminho que me aproxima de você. Ajude-me a ficar satisfeito com o progresso que você me pede, não com o progresso que eu gostaria de estar fazendo.*

# 29

## *Se Davi pôde fazê-lo, eu também posso!*

Falei anteriormente sobre o Rei Davi e seu problema com a armadura de Saul, que acaba sendo um obstáculo mais do que uma ajuda. Podemos aprender bastante olhando essa grande figura bíblica mais de perto – e sendo, além disso, encorajados por isso.

Davi não tem muita coisa acontecendo a seu favor. É possível que você se lembre de que ele é um pobre pastor e o mais jovem em sua família. Com efeito, quando o Profeta Samuel vai à casa do pai de Davi, Jessé, e pede-lhe para reunir seus filhos, Jessé nem sequer se incomoda em chamar o menino Davi que está no campo, pois o considerava insignificante. Jessé presume que qualquer coisa que Davi pudesse fazer de bom, um de seus irmãos poderia fazer melhor.

Mas Deus escolhe Davi de qualquer forma; Ele escolhe Davi para grandes coisas – para se tornar rei de Israel. Com Deus a seu lado, a carreira de Davi *começa* de uma maneira esplêndida. E logo a seguir, ela passa a vencer batalhas e a atrair atenção de belas mulheres, adquirindo enorme popularidade. Mas em determinado momento, tudo isso começa a lhe subir à cabeça, deixando-o extremamente autoconfiante e preguiçoso; ele passa a ficar em casa quando seus soldados estão combatendo. E essa preguiça irá lhe causar enormes problemas. Ele espia sua linda vizinha Bate-seba tomando banho. Ela é uma mulher casada, a esposa de um de seus soldados, Urias. Mas Davi, acostumado a ter tudo o que deseja, passa a querer Bate-seba, e consegue.

A situação vai piorando cada vez mais. Bate-seba engravida, e em vez de confessar e admitir seu erro, Davi o complica ainda mais, com um erro muito maior. Faz com que seu bom soldado Urias seja morto, deixando-o sem defesa em uma batalha na qual os inimigos eram mais fortes. Poderíamos continuar a contar as fraquezas e erros crassos de Davi. Ele é uma figura trágica, em muitos aspectos igual a muitos de nós. No entanto, ele também é uma figura gloriosa. Apesar de seus pecados e erros, é suficientemente humilde e confia o bastante em Deus para se arrepender. E Deus, sendo Deus, o perdoa. Repetidamente Davi modifica o que pode modificar e deixa que Deus modifique o resto.

A Davi é atribuída a autoria de um dos salmos mais bonitos da Bíblia. É um salmo de profunda tristeza e arrependimento, supostamente aquele que ele compôs após o fiasco com Bate-seba e Urias. Não vou reproduzi-lo todo aqui (você pode encontrar o texto completo em sua Bíblia), mas ele começa assim: "Ó Deus, tem piedade de mim, conforme a tua misericórdia; no teu grande amor cancela o meu pecado. Lava-me de toda a minha culpa e purifica-me de meu pecado" (Sl 51,3-4).

A história – especialmente a história da salvação – nos dá exemplos e mais exemplos de seres humanos frágeis que terminam fazendo coisas grandiosas e importantes. É bom saber que não estamos sozinhos em nossas fraquezas. E parte de nossa coragem para modificar as coisas que podemos modificar consiste em desistirmos de encontrar desculpas para nós mesmos. É muito melhor chegar à linha de chegada machucado e ensanguentado do que não participar da corrida.

*Senhor, quando olho para tudo aquilo que você está pedindo de mim, realmente não me sinto muito corajoso. Estou profundamente consciente de minhas fraquezas. Obrigado por me dar tantos bons exemplos de pessoas que eram frágeis como eu e, no entanto, venceram suas fraquezas por sua graça. Faça com que eu seja uma delas!*

# PARTE III

## *A sabedoria para perceber a diferença*

Quando falei com meus amigos que queria escrever um livro sobre a Oração da serenidade e lembrei-os das três partes que a compõem, quase sem exceção eles me disseram que, para eles, a terceira parte era a mais difícil. Às vezes somos capazes de aceitar tranquilamente situações difíceis e deixá-las para trás, disseram eles, e às vezes agimos corajosamente e modificamos as coisas que, sabemos, precisam ser modificadas. Portanto, em um certo sentido, argumentaram eles, sabemos o que é aceitação e coragem, ainda que nem sempre ajamos com coragem ou nos sintamos muito serenos. Mas será que sabemos como ser sábios? Poucas pessoas seriam capazes de dizer sim.

Então, como é que aprendemos a ter sabedoria? A boa notícia é que para aqueles entre nós que já começaram a colocar em prática as duas primeiras partes da Oração da serenidade, a sabedoria para perceber a diferença entre aquilo que podemos e não podemos modificar geralmente vem a seguir, seja qual for nosso nível de sabedoria antes de começarmos nossa jornada. Sim, precisamos aprender, tornar-nos perspicazes e desenvolver a clareza da mente, a disciplina mental e nos libertarmos de preconceitos pessoais. Mas à medida que aprendemos a aceitar aquelas coisas sobre as quais temos uma intuição de que não podemos ou não devemos modificar e começamos a modificar as coisas sobre as quais temos bastante certeza de que podemos modificar, a área cinzenta se encolhe. Em outras palavras, quando adquirimos o hábito de procurar Deus e de obedecer nossa consciência, rapidamente descobrimos que já temos mais sabedoria do que poderíamos imaginar!

Há muitos anos vi-me em uma situação desagradável de ter de lidar com um colega difícil no trabalho. No auge da tensão, eu estava disposto a pedir a meus superiores que mudassem minhas atribuições. Isso só aumentou o estresse, porque, na verdade, eu estava muito feliz onde estava – exceto pela presença daquele colega. Comecei a perder noites de sono ao pensar que tinha de conviver com ele no dia seguinte. Já estava convencido de que aquele colega nunca iria mudar ou deixar a empresa, e que eu nunca seria capaz de trabalhar em paz enquanto ele estivesse por perto. Meu diretor espiritual (e mentor) conhecia a situação e normalmente apenas ouvia minhas queixas. Sua falta de comentário sugeria que essa não era uma questão muito importante. Quando conversei com ele por mais de uma hora sem me queixar de meu colega, ele me perguntou no final de nossa sessão como estava indo a situação.

– Basicamente o mesmo – disse eu –, mas não há nada que eu possa fazer.

– Você tem certeza? – perguntou ele.

– Parece que ele está ficando cada vez pior. – e lhe dei alguns exemplos.

– Mas você já pensou em passar mais tempo com ele fora do trabalho?

Assim que ouvi aquelas palavras terríveis, percebi que esse era o caminho a seguir. Acho que meu orientador espiritual viu o pavor no meu rosto quando instantaneamente compreendi que ele tinha acertado em cheio.

– Isso é exatamente o que devo fazer – eu disse. – E sabia disso desde o começo.

Realmente eu sabia disso desde o começo. Sabia que precisava passar mais tempo fora do trabalho com esse colega, mas não queria aceitar a ideia. Sabia que esse homem agia como agia porque estava inseguro e buscava amizade e companheirismo, mas eu simplesmente não tinha coragem de fazer isso; odiava a ideia de fazer essa coisa tão simples, embora soubesse que era a solução. Era teimoso demais para seguir minha própria sabedoria. Isso perdurou até o momento em que ouvi uma fonte confiável me dizer aquilo que eu já sabia ser verdade. Aí fui capaz de convencer a mim mesmo a fazer o que era certo.

A sabedoria para perceber a diferença entre aquilo que podemos e aquilo que não podemos modificar tem a ver com o discernimento da vontade de Deus em relação a um determinado desafio. O discernimento, nesse sentido, é o processo de descobrir o plano de Deus para nós nas coisas grandes (como com quem iremos casar) e em nossas escolhas diárias (como sair mais cedo do trabalho para ver o jogo de beisebol de nosso filho ou permanecer no trabalho e deixar nosso chefe contente). A sabedoria que estamos pedindo na Oração da serenidade é a arte espiritual do discernimento.

Lutar com todas as nossas forças para modificar aquilo que não pode ser modificado é um exercício terrível de futilidade e só leva ao cansaço, à frustração e ao desespero. Um esforço assim é pura perda de tempo e de energia, e nos deixa exasperados. Com discernimento somos capazes de dizer: "Isso nada tem de inteligente!" Lutar para mover aquilo que não pode ser movido, desfazer aquilo que não pode ser desfeito suga nossa energia e nos desencoraja até mesmo em nossas buscas mais frutíferas. Depois de uma desilusão assim, simplesmente queremos jogar a toalha e nos encolhermos. Mas quando temos esse discernimento espiritual – essa sabedoria aplicada – gastamos nossa energia sabiamente, deixando de lado aquilo que não tem remédio e nos concentrando nas áreas em que podemos fazer um progresso verdadeiro!

A sabedoria também nos livra do erro oposto; ou seja, aceitar passivamente o *status quo* quando ele pode e deve ser modificado. A sabedoria nos ajuda a não nos deixar enganar pela tentação de achar que todos os nossos esforços seriam em vão quando, na verdade, o que é necessário são exatamente esforços. A sabedoria desmascara nossos preconceitos e inclinações negativas.

Talvez seja a preguiça que impede nosso envolvimento em determinada missão; talvez seja o medo do fracasso que nos prende em nossa apatia e bloqueia nossa determinação. A sabedoria percebe a realidade; ela "sabe" a diferença.

Portanto, oremos por isso também; oremos para que nosso bom Deus e Pai nos dê o dom da sabedoria – um dos dons preciosos de seu Espírito Santo. Estamos comprometidos a trabalhar para isso, mas sabemos que não vamos a parte alguma sem Ele. Portanto, rezemos humilde e confiantemente.

# 30

## *Procure a sabedoria, não o conhecimento*

Você ainda continua fazendo a Oração da serenidade todos os dias? Não pare agora! Você está trabalhando para formar um espírito capaz de instintivamente soltar as coisas que você não pode modificar e lidar com coragem e confiança com as coisas que pode modificar. Esse hábito de orar é particularmente importante à medida que passamos para essa terceira seção, porque aumentar a sabedoria é menos tangível do que abandonar o controle ou do que fazer corajosamente aquilo que você sabe que deveria fazer.

A sabedoria é um dom sutil, quase imperceptível, que Deus nos dá quando lhe pedimos. "Senhor, conceda-me a sabedoria para saber quando e como devo agir e quando devo desistir!" Essa é uma oração para a vida cotidiana.

Provavelmente todos nós já pensamos o que iríamos fazer se ganhássemos na loteria. Da mesma forma, como criança, lembro-me de perguntar a meus amigos o que eles pediriam se um gênio aparecesse para nós e nos oferecesse três desejos. Depois, enquanto eles pigarreavam e hesitavam, eu lhes oferecia a solução engenhosa de desejar mais mil desejos. Por mais infantil que isso possa parecer, o dilema de decidir o que fazer com três desejos que se realizariam é fascinante. Revela mais do que dizer o que faríamos com nossos prêmios enormes na loteria. Ele faz com que nos identifiquemos com nosso maior desejo não realizado: dinheiro? saúde? um emprego melhor? um casamento mais feliz?

No Antigo Testamento lemos sobre um cenário muito semelhante a esse. Nenhum gênio sai de uma lâmpada, é claro, mas um dia Deus ofereceu ao Rei Salomão a chance de toda uma vida: Salomão é coroado rei de Israel, sucedendo seu pai Davi. Ele é jovem e está um tanto impressionado. Aparecendo-lhe em sonho, Deus diz a Salomão para lhe pedir qualquer coisa. Salomão não perde tempo e responde imediatamente, deixando Deus encantado com a resposta do jovem rei. Ele não pediu riqueza, vida longa ou vitória sobre seus inimigos, mas sabedoria. "Dá, pois, a teu servo, um coração obediente, capaz de governar teu povo e de discernir entre o bem e o mal" (1Rs 3,9). Deus fica satisfeito em conceder esse pedido a Salomão, e o rei fica conhecido em todas as partes por sua sabedoria. "Ele era o mais sábio de todos os homens", lemos; "mais sábio do que Etã o ezraíta, do que Hemã, Calcol e Dorda, filhos de Maol; e sua fama espalhou-se por todos os povos vizinhos" (1Rs 4,31). Embora não saibamos quem eram Etã ou Dorda, parece óbvio que eram pessoas respeitadas como sábias. Mas Salomão era ainda mais sábio.

Atualmene o desejo de Salomão pode nos parecer estranho. De todas as coisas que poderíamos pedir, duvido que a sabedoria estivesse até mesmo entre as primeiras dez para a maioria entre nós – talvez porque nos dias de hoje não ouvimos falar muito sobre o seu valor. Preocupamo-nos muito com conhecimento e com dados; ficamos encantados em poder encontrar a todo momento qualquer tipo de informação em nosso celular. Temos – literalmente na ponta dos dedos – mais dados do que as gerações anteriores jamais sonharam em ter. Essa abundância de informação nos faz inteligentes e talvez até um pouco convencidos. Sabemos muito mais do que nossos antepassados, que achavam que o mundo fosse plano, não sabiam o que eram genes ou cromossomas e não podiam dividir o átomo ou curar a pneumonia. No entanto, por melhor que esse conhecimento possa ser, pergunto-me com que frequência ele se traduz em sabedoria.

Sabedoria e conhecimento não são a mesma coisa. A sabedoria não é realmente conhecer muitas coisas, mas sim conhecer (no sentido de discernir) aquilo que é importante. Alguém pode ser muito bem-informado, mas ser tolo. Como um mineiro da corrida do ouro de 1849, a sabedoria peneira a "areia" da informação pronta para encontrar um tesouro. Nessa última seção da Oração da serenidade pedimos a Deus pela "sabedoria para perceber a diferença". Pedimos para sermos capazes de discernir, de selecionar as coisas. Não pedimos para saber muitas coisas, mas para saber o que realmente importa.

Você já percebeu que as pessoas sábias são humildes? Elas sabem o quanto *não* sabem. Sabem também o pouco de que verdadeiramente precisam. Temos muito desejos, mas relativamente poucas necessidades verdadeiras. Com efeito, quanto mais tivermos desejos insatisfeitos por coisas desnecessárias, maior será nossa infelicidade. Quanto mais contentes estivermos com aquilo que temos, mais paz haverá em nosso espírito. Isso também é sabedoria.

Tomás de Aquino, em sua famosa *Suma Teológica*, dedica muito espaço para falar das virtudes. Anos atrás, ao ler o livro, deparei-me com algo fascinante. Em dois artigos consecutivos dessa obra, Aquino discute dois hábitos: *studiositas* (persistência nos estudos) e *curiositas* (curiosidade). O que me pareceu estranho foi a declaração de Aquino de que a *studiositas* é uma virtude e a *curiositas* um vício. A princípio isso me pareceu contraditório, já que elas compartilham muitas semelhanças. Ambas têm a ver com um desejo de saber e uma vontade de aprender. Não é a curiosidade que nos impele a estudar? No entanto, Aquino diz que, enquanto a *studiositas* nos leva a nos aprofundarmos em questões importantes e a buscarmos sabedoria, a *curiositas* encoraja uma espécie de diletantismo intelectual e uma preferência por saber muitas coisas, em vez de coisas importantes. Uma pessoa curiosa passa os olhos pelas manchetes dos jornais; uma pessoa persistente nos estudos quer saber mais. Hoje não precisamos apenas de homens e mulheres bem-informados, mas de homens e mulheres sábios. E sabedoria significa a capacidade de discernir entre o que é importante e o que é irrelevante.

Pergunte a si mesmo: Durante uma semana eu leio mais uma revista ou a Bíblia? Você sabe mais sobre *American Idol* do que sobre a história mundial? Podemos ser muito bem-versados em todos os tipos de trivialidades inúteis e, no entanto, não sabermos quase nada sobre as coisas que contam. A sabedoria, com efeito, parece estar mais relacionada a fazer perguntas corretas do que em obter respostas corretas. Perguntar-se sobre as questões maiores da vida, passar tempo investigando o que as coisas realmente significam e por que elas são importantes vale mais do que acumular uma quantidade imensa de factoides.

Nosso pedido reverente pela "sabedoria para perceber a diferença" sugere que nós já entendemos como ela é importante e que parece ser um ponto realmente bom para começar. Em um certo sentido, pedir sabedoria já implica sabedoria. Essa é uma ideia encorajadora.

# 31
## *Cultivando nossa vida interior*

A presidiária Judy Clark foi criada na tradição judaica, e ultimamente passou a se dedicar à pastoral, tornando-se mentora e confidente de mulheres que, como ela mesma, cumprem muitos anos de prisão. Nesse acompanhamento de Judy, as outras detentas procuram se reconciliar com o seu passado e viver de maneira realizada e produtiva.

Judy descobriu algo importantíssimo da maneira mais difícil: os seres humanos precisam de silêncio para refletir, de silêncio interior e de silêncio exterior. O ativismo pode ser um escape da realidade; ele não permite que enfrentemos nossos demônios e aprendamos a conviver conosco e com nossas escolhas. Quando Judy foi parar no presídio, e – ainda mais – quando passou para a "prisão em isolamento", foi obrigada a se confrontar. Não havia música para abafar seus pensamentos; não havia televisão ou a internet para distraí-la de sua situação; ela estava totalmente a sós, com nada para entretê-la ou desviá-la. Então fez uso dessa situação para penetrar mais profundamente em si mesma e se tornar uma pessoa mais espiritualizada.

> Escolhi me tornar uma pessoa e a assumir a responsabilidade por minhas escolhas. Hoje

> posso reconhecer os aspectos espirituais de minhas questões e de meus métodos. Quando saí da unidade de isolamento, decidi que queria ir às cerimônias religiosas judaicas. Não porque eu quisesse me tornar uma pessoa religiosa, mas porque, quando comecei a dizer "Quem sou eu?" uma das coisas que pareciam intrínsecas era a minha identidade judaica.

Obrigada a olhar para dentro de si mesma e a começar a conviver com sua identidade, Judy se tornou uma pessoa mais espiritual e também uma pessoa mais ponderada e centrada. Esse silêncio interior é o começo daquilo que mestres espirituais chamam de "vida interior", a vida na qual se desfruta da amizade com Deus. É no silêncio interior e na amizade com Deus que a sabedoria floresce, pois quanto mais próximos estamos de Deus, mais facilmente percebemos seu plano para a nossa vida.

O grande filósofo Sócrates afirmou que uma vida que não foi examinada não vale a pena ser vivida[34]. Há muita sabedoria nessa simples afirmação. Passar correndo pelo cotidiano como um hamster que velozmente passa por uma roda sem chegar a lugar algum, é viver de modo desumano. Somos convocados para algo mais elevado; somos chamados a refletir, a contemplar, a examinar, a explorar e a considerar. No entanto, hoje em dia, sempre parecemos ter algo mais importante a fazer do que simplesmente pensar sobre nossa vida; para onde vamos, como estamos vivendo, que tipo de pessoa estamos tentando ser. Corremos do trabalho para o supermercado, depois para a academia, depois para aquela festa, para depois chegar em casa e imediatamente verificar nossos e-mails e dormir com o som da televisão ao fundo. Se isso ocorresse apenas de vez em quando, não estaríamos em uma situação tão difícil; nosso ser

34 Cf. PLATÃO. *Apology*, 38a.

poderia suportar. Mas para muitos de nós esse ritmo frenético está muito próximo de ser "a história de nossa vida".

Não podemos nos encontrar fora de nós mesmos nem encontrar a plenitude da sabedoria fora de Deus. Quem nós somos não é definido apenas por aquilo que fazemos e menos ainda por aquilo que achamos que realizamos. A identidade e a integridade pessoais vêm de dentro, não de fora.

Em 1952, o estudioso alemão Josef Pieper escreveu um livrinho provocador intitulado *Leisure: The Basis of Culture* [Lazer: A base da cultura]. Nessa obra, ele argumenta de maneira convincente que a verdadeira cultura é fruto de nosso "momento ocioso", quando interrompemos o ritmo frenético de nossos trabalhos e nos dedicamos a interesses que não são meramente "produtivos". Segundo ele, o trabalho deve estar direcionado para o lazer, e não o contrário. No mundo ocidental, a maioria de nós acha que o lazer é mera ociosidade ou tempo perdido. Mas Pieper argumenta que o lazer é, em última instância, dedicação a coisas superiores (e não inferiores). Com efeito, o senso comum nos diz que somente quando temos um tempo só para respirar e nos afastarmos da competição destrutiva é que podemos verdadeiramente começar a pensar sobre o que somos e por que fazemos o que fazemos.

Isso não significa que todos os tipos de lazer contribuem para a nossa imersão interior. Pieper teria rejeitado a ideia, por exemplo, de que o lazer consiste em jogar videogames ou ver televisão passivamente. A preguiça e a ociosidade levam ao tédio e evitam que desfrutemos adequadamente do lazer. Embora o lazer, por definição, seja um descanso do trabalho, nem todo lazer expande o espírito ou nos torna pessoas melhores.

Você que está utilizando seu tempo para ler este livro, provavelmente já sabe ou pelo menos tem alguma noção de que a leitura nos obriga a pensar, a lidar com ideias e conceitos e inevitavelmente examinar nossa vida e nossas escolhas; ela desafia nossa mente e nosso espírito. Nesse sentido, ser uma pessoa espiritual significa, em primeiro lugar, reconhecer e buscar uma dimensão interior da própria humanidade; significa dar um passo atrás para considerar e refletir sobre o presente, o passado e o futuro; significa fazer as perguntas maiores sobre a vida e seu objetivo. Ser espiritual, com efeito, é já estar buscando a "sabedoria para perceber a diferença".

# 32

## *Espiritual, mas não religioso?*

Sem dúvida vocês já ouviram pessoas dizerem que elas são "espirituais, mas não religiosas". O que muitas pessoas querem dizer com isso é que elas estão buscando um meio-termo entre o materialismo crasso e o fanatismo religioso. Mas quando isso não exige compromisso específico, e às vezes "ser espiritual" pode ser uma escapatória. Afinal, o fato de sermos espirituais – de termos uma alma – é um puro presente de Deus. O fato de termos uma alma não é uma virtude ou qualidade que nós mesmos criamos. A religião, por outro lado, é a expressão da espiritualidade humana. Se ela assume a forma de participar da liturgia em uma igreja ou de se ajoelhar antes de ir para a cama, transforma-se em ato religioso; é a espiritualidade em ação, uma forma de expressar a relação com Deus.

Uma pessoa não pode ser verdadeiramente sábia se não envolver, confrontar e expressar sua espiritualidade com as questões maiores da vida, inclusive em relação a Deus: "De onde venho?" "Para onde vou?" "Existe vida após a morte?" "Há justiça eterna?" "Deus se revelou para o mundo?" Nem todas as pessoas sábias terão as mesmas respostas para essas perguntas, mas se tiverem coragem certamente irão fazê-las.

Judy Clark é uma pessoa sábia. Seu caminho para a espiritualidade e a religião se abriu quando se reconectou com suas raízes judaicas. Sua fé agora lhe dá uma matriz espiritual, uma visão de mundo pela qual ela pode entender sua própria vida e a vida de outros. Ela lhe deu seus rituais, suas orações, suas tradições e a conexão com Deus. Foi seu crescimento em termos de sabedoria natural (um presente de Deus que ela cultivou) que a trouxe para Deus, e sua relação com Deus é que agora a nutre e aumenta sua sabedoria para discernir o que Ele está lhe pedindo em sua situação de vida peculiar.

Como João Paulo II refletiu em seu livro *Crossing the Threshold of Hope* [Atravessar o limiar da esperança], a questão da existência de Deus toca o próprio âmago da busca do homem por sentido e por sabedoria.

> Vê-se claramente que a resposta à pergunta "*An Deus sit*" (se Deus existe) não é apenas uma questão que toca o intelecto; ela é, ao mesmo tempo, uma questão que tem um forte impacto em toda a existência humana. Ela depende de uma grande quantidade de situações em que o homem busca a significância e o sentido de sua própria existência. O questionamento da existência de Deus está intimamente ligado ao objetivo da existência humana[35].

Como seres humanos, quando estamos no nosso melhor, naturalmente buscamos aquilo que é bom e verdadeiro, buscamos a transcendência e o sentido, buscamos a sabedoria; sentimo-nos encorajados a ir além de nós mesmos, de tendermos para cima, na direção do absoluto. Santo Agostinho expressa essa verdade na primeira página de suas *Confissões*, quando diz: "Você nos fez para si

---

35 PAPA JOÃO PAULO II. *Crossing the Threshold of Hope*. Nova York: Alfred A. Knopf, 1994, p. 31.

mesmo, oh Senhor, e nosso coração está inquieto até que descanse em você"[36]. Em um momento ou outro, todos nós sentimos essa inquietação. Ansiamos por algo além das realidades monótonas da competição desenfreada cotidiana. Queremos saber se tudo faz sentido em última instância ou se é meramente resultado da sorte e da casualidade. Nós humanos parecemos ser constituídos para fazer as perguntas maiores, inclusive as religiosas.

Tudo isso para dizer que, quanto mais próximos ficamos de Deus, mais sábios nos tornamos. Mas isso não é dizer que todos aqueles que creem muito são sábios em todas as coisas, e tampouco que os que não creem não podem ser sábios em muitos aspectos, mas a crença em Deus radicalmente modifica – na verdade, retifica – nossa visão do mundo. Faz com que o mundo à nossa volta seja inteligível em seu nível mais profundo. Em vez de sorte e aleatoriedade, a ordem e a inteligência emergem como princípios definidores do mundo. A crença em Deus pode nos levar a descobrir o objetivo divino por trás das coisas – a convicção transformadora de que Deus "intenciona" coisas boas para nós e que está interessado em nosso bem-estar. Você percebe quão integral é esse tipo de fé viva – a capacidade de discernir qual é a escolha sábia a mão, o que Deus quer de você – atingindo a plenitude da sabedoria?

Na tradição judaico-cristã, essa descoberta de Deus como a origem e o objetivo de toda a criação está associada ao amor. Deus não apenas nos "criou" e nos "conhece", Ele nos ama. O que é verdadeiro para a grande escala também o é para a vida de cada pessoa. Jesus declarou que nem mesmo um pardal cai do céu sem que Deus o saiba, e Ele garantiu a seus discípulos que seu cuidado por nós seres humanos é muito maior. Ele disse isso para fortalecer nossa confiança em Deus e nossa crença em sua providência em nossas vidas.

---

36 SAINT AUGUSTINE. *Confessions* (397 AD), p. 1.

A fé religiosa não apenas oferece um arcabouço que nos permite entender melhor o universo ou nossa própria vida. Tampouco é apenas uma busca intelectual que cessa com a convicção da existência de Deus. Podemos falar teoricamente sobre Deus, mas nunca entenderemos quem Ele é ou o que Ele quer de nós (discernimento) se não o deixarmos entrar em nossa vida. A "questão de Deus" sempre deve terminar como uma questão existencial, significando que ela precisa tocar todas as partes de quem nós somos. Na medida em que deixamos Deus entrar em nossa vida, Ele entrará como um convidado bem-vindo e nossa amizade aumentará. Essa amizade não é diferente das amizades humanas que crescem quando passamos tempo juntos e compartilhamos tanto os momentos bons quanto os maus. Em nossas amizades, absorvemos um pouco de nossos amigos; ficamos parecidos com eles. O contato pessoal e a amizade com Deus nos trazem sabedoria, já que estamos em um relacionamento com a própria sabedoria.

Sei que uma disposição de se apaixonar por Deus e de ouvir sua voz é um pouco assustador. O que Ele nos dirá? O que Ele poderá pedir de nós? Isso ocorre quando a fé é sentida como problema e também como solução. Embora seja um tanto assustador escutar a voz de Deus, se verdadeiramente encontrarmos seu amor estaremos ainda mais confortados ao saber que Ele nunca nos pedirá algo que não seja o melhor para nós.

Portanto, nos vemos uma vez mais necessitados de coragem. Precisamos dela para envolver nossa alma na busca de Deus, para transformar a espiritualidade dada por Ele em uma resposta religiosa de amor. Precisamos de coragem não só para modificar as coisas que podemos modificar, mas também para ousar confrontar as questões maiores da vida, para buscar a sabedoria no próprio Deus, em seu objetivo e plano para toda a criação.

Deus responde nossos três pedidos – por serenidade, coragem e sabedoria – com uma solução: a transformação gradativa de nossa alma para pensar, sentir, julgar e agir mais como Ele.

*Senhor, creio que você é a própria sabedoria.*
*Você é a verdade, a bondade e a beleza.*
*Você é o doador de vida e o doador de objetivo.*
*Hoje, Senhor, busco seu rosto. Eu o convido para que entre em minha alma com um convidado bem-vindo. Fique comigo. Ensine-me. Console-me. Conduza-me pelo coração enquanto eu vivo minha vida e realizo a missão com a qual você me bendisse.*

# 33
## Os sussurros de Deus

Durante séculos, muitos dos homens e mulheres santos que defendiam a ideia de reservar algum tempo para a oração também sugeriram cultivar aquilo que eles chamaram de "a presença de Deus". Isso significa aprender a estar consciente da presença de Deus o tempo todo, não apenas durante os momentos de oração. A consciência de sua atividade no mundo abre nossa mente e nosso coração para a sabedoria de ver todas as coisas através de seus olhos. Uma homilia maravilhosa que remonta ao século VI d.C. oferece esse simples conselho para os discípulos de Jesus:

> Realmente a alma não deve só se voltar para Deus nos momentos de oração explícita. Seja no que for que estivermos envolvidos, se for a assistência aos pobres ou algum outro dever, ou algum ato de generosidade, devemos lembrar Deus e ansiar por Ele. O amor de Deus será como o sal é para a comida, fazendo com que nossas ações sejam um prato perfeito para colocar diante do Senhor de todas as coisas[37].

---

37 Essa homilia é atribuída ao escritor agora conhecido como Pseudo--Crisóstomo.

Isso nos traz de volta à questão do silêncio. Só quando fazemos uma pausa no meio de nossas atividades é que podemos ouvir a voz de Deus. E aqui está o problema: Deus não grita para se fazer ouvir; Ele sussurra. Em uma famosa passagem do Primeiro Livro dos Reis, o Profeta Elias vai ao Monte Horeb para um encontro com Deus. E sob qual aspecto Deus se apresenta? Aqui está a passagem:

> Antes do Senhor, porém, veio um vento impetuoso e forte, que desfazia as montanhas e quebrava os rochedos, mas o Senhor não estava no vento. Depois do vento houve um terremoto, mas o Senhor não estava no terremoto. Passado o terremoto, veio um fogo, mas o Senhor não estava no fogo. E depois do fogo ouviu-se o murmúrio de uma leve brisa. Ouvindo isto, Elias cobriu o rosto com o manto, saiu e pôs-se à entrada da gruta (1Rs 19,11-13).

Deus não se revela no vento violento, nem no terremoto, nem no fogo, mas no silêncio. Nosso Deus não é um deus de trombetas de gongos, mas sim de sussurros. Sabemos disso pela experiência da maneira como Ele fala em nossa consciência, estimulando gentilmente, nunca impondo. E por que é assim? Por que Deus não é mais contundente em fazer sua presença conhecida? Mais pessoas não acreditariam nele? Mais pessoas não obedeceriam a sua vontade se Ele falasse com maior poder?

Há um jovem sem teto que passa o dia na Rua Quarenta e Nove em Manhattan, na mesma rua de meu escritório. Andrew tem uma banca feita de caixotes de leite onde vende gravuras dos marcos históricos da cidade de Nova York. A maior parte das pessoas tenta evitá-lo porque ele parece estar com algum problema psicológico. Está sempre falando sozinho, e muito alto; as coisas que diz podem ser perturbadoras. Uma frase que repete constantemente é esta: "As pessoas hoje são como zumbis que só se importam com números e terroristas". Pelo menos este é o teor do que ele diz. Andrew consegue vender só quando alguém vê uma das gravuras de longe, sem ouvi-lo falando sozinho. Quando a pessoa chega perto das gravuras, as antigas habilidades sociais de Andrew funcionam e ele consegue fazer o negócio.

Esse jovem vendedor passou a ser uma grande bênção para mim. Andrew pode estar doente e não ter um teto, mas em um dia inesquecível de julho ele foi a voz clara e inegável de Deus para mim.

Acho que eu tinha conhecido Andrew uns seis meses antes. Normalmente eu o cumprimentava ao passar e de vez em quando eu lhe pagava o almoço. Envergonho-me de dizer que nunca me dei ao trabalho de perguntar seu nome. Não perguntei porque não achei que faria diferença; achei que ele não se importaria. Eu tinha quase certeza de que ele só se importava em falar sobre números, terroristas e zumbis.

Mas nesse dia quente de julho eu estava com pressa e tentei evitar o quiosque de Andrew. Quando comecei a atravessar a rua ouvi uma voz alta chamando, "Jonathan!" Virei-me na expectativa de encontrar um de meus colegas de trabalho, mas em vez disso vi meu velho conhecido Andrew me olhando com um enorme sorriso no rosto. Fiquei tão espantado de ver que ele sabia meu nome e o usava, que fui rapidamente em sua direção. Estou quase certo de que ele estava sorrindo porque sabia que eu estava surpreso por ele saber meu nome, e temi também que fosse porque ele tinha me apanhado tentando evitá-lo. "Como é que você sabe meu nome?", perguntei. "Eu sempre soube", disse ele.

Até hoje eu não sei se eu lhe tinha dito meu nome quando nos conhecemos meses antes ou se ele tinha perguntado a alguém. De qualquer forma, naquele dia Deus me sussurrou na voz e no rosto de Andrew. Esse homem que lutava tão terrivelmente com a doença mental se importava o bastante comigo para aprender meu nome, e me chamou quando eu o estava evitando. Eu não sabia disso, mas ele verdadeiramente se importava com nossas conversas, embora para mim elas tivessem sido sempre a mesma coisa, sempre mais ou menos inúteis.

Os sussurros de Deus vêm de tantas formas diferentes. Depois de Andrew ter me emocionado tão profundamente naquele dia, não consigo deixar de tratá-lo, e a outros como ele, com reverência e deferência sagradas. Afinal, Deus pode estar me sussurrando em suas vozes, dizendo como eu preciso mudar, como preciso amar melhor e amar mais pessoas. Quando ouvimos a voz de Deus, não importa quão tranquila ou inesperada ela possa ser, nós crescemos em sabedoria.

Eu arriscaria uma sugestão de que Deus escolhe se manifestar em sussurros por pelo menos quatro razões. A primeira é seu respeito total pela liberdade humana. Nossas escolhas devem ser verdadeiramente nossas. Nós somos, pelo que parece, as únicas criaturas na Terra que Ele criou livres. Os pássaros não decidem espontaneamente em determinado ano que eles não irão mais migrar para a Flórida, mas sim para o México, ou simplesmente vão ficar no norte de Nova York e enfrentar o inverno lá. Eles vão para onde seus instintos os direcionam. Nesse sentido, os animais nunca agem abaixo de sua natureza, mas tampouco agem acima dela. Eles a seguem perfeitamente. Os seres humanos são diferentes. Somente nós podemos agir como animais selvagens ou como anjos. Podemos nos alçar acima da natureza ou nos afundarmos sob ela. Somos capazes não só de atos de generosidade heroica, mas também de atos da mesquinharia mais vergonhosa. E parece que Deus nos quer dessa maneira: livres para aceitá-lo ou rejeitá-lo, livres para obedecer ou desobedecer, livres para nos dar em amor ou agarrar-nos a nós mesmos em egoísmo.

Deus estava disposto a arriscar a possibilidade de milhões de anos de desobediência e rebelião humana contra Ele e uns contra os outros, porque, em sua avaliação, as vezes em que usamos essa mesma liberdade para o bem – o amor humano – tornam-se momentos tão bons, tão verdadeiros e tão belos! Você já pensou sobre isso dessa maneira?

Outro aspecto da escolha de Deus de respeitar nossa liberdade apenas sussurrando é o fato de que, quando Ele realmente fala alto, sua voz é necessariamente ouvida e obedecida. Quando Ele exclama "Faça-se a luz", há luz, não há o que discutir. Sua palavra é imperativa, e aquilo que Ele declara é feito. Quando Jesus disse ao turbulento Mar da Galileia "Fique tranquilo", o mar obedeceu imediatamente. Conosco, que somos mortais, é diferente. Ele não nos compele por sua autoridade, mas sussurra, sugere, inspira; gentilmente nos estimula, mas nunca torce nosso braço ou nos obriga a nos submeter. Ele quer que nos aproximemos dele livremente e o obedeçamos por escolha, não à força. Seu respeito por nós é muito grande. Isso é maravilhoso, mas também um pouco assustador, já que faz com que nossas escolhas – e suas consequências – em última instância sejam nossas.

Uma segunda razão que faz com que Deus escolha não gritar e sim sussurrar é seu justo ciúme. Encontramos no Livro do Êxodo que Moisés ordena: "Não deverás adorar nenhum outro Deus, pois o Senhor se chama ciumento: Ele é um Deus ciumento" (Ex 34,14). Normalmente consideramos o ciúme como um defeito. Uma esposa ciumenta, por exemplo, pode ser hipersensível às interações de seu marido com outras mulheres e supor coisas inverídicas. O ciúme de Deus, no entanto, tem origem em seu amor intenso por nós. Ele nos quer para si porque nos fez para si. Ele não quer compartilhar nossas lealdades com ídolos. Um coração dividido é um coração infeliz. E, portanto, Ele não se rebaixa a competir em um jogo de gritos com todas as vozes que competem por nossa atenção. Se amamos o dinheiro, a celebridade, a glória e o prazer, Ele não irá competir. Ele não irá compartilhar o campo com esses candidatos ao nosso coração. Se nos importamos mais com aquilo que as pessoas pensam de nós do que com o que Deus pensa de nós, Ele irá esperar pacientemente, mas não se imporá nem tentará nos convencer de outra coisa. Então Ele espera, como um amante paciente, pronto para nos aceitar de volta quando percebermos que só Ele satisfaz nossos corações.

Terceiro, Deus sussurra para que outros não possam ouvir. Deus respeita a privacidade e a interioridade de nossa consciência e nunca faz aquele santuário interno sagrado acessível a outros – a menos que nós escolhamos compartilhá-lo com outros. Nossa consciência é feita para julgar nossas ações e intenções, não as dos outros. Portanto, ninguém mais tem acesso aos encorajamentos secretos de Deus para nossos corações. Ele nunca os torna públicos. Podemos ouvi-los e escolher segui-los ou não, sem que ninguém mais fique ciente; só Deus sabe. Ele nos oferece uma intimidade que ninguém mais pode violar.

Uma quarta razão para o sussurro de Deus pode ser salvar-nos do desespero. Se todas as inspirações, instruções e correções de Deus fossem colocadas em nosso rosto no volume máximo o tempo todo, iríamos reconhecer como estamos longe de realizar suas expectativas totalmente justas e razoáveis, e poderíamos ser tentados a nos desesperar: "Deixe-me Senhor, porque sou um pecador". Em vez disso, seus encorajamentos são acessíveis naquela voz tranquila para que possamos descobri-los no silêncio, na oração, um ou dois de cada vez, quando nossa fragilidade humana pode lidar com eles.

Cristo disse: "Aquele que tem ouvidos para escutar, deixe que ele escute". A escolha de escutar ou não é, em última instância, nossa.

Ele nos oferece sua própria sabedoria, mas só se nós estivermos dispostos a fechar a porta e escutá-lo no silêncio de nossos corações.

Tudo isso pode ser resumido dizendo que Deus escolhe falar a você e a mim em sussurros porque Ele está sempre tão perto de nós, que o sussurro é tudo o que Ele precisa.

*Oh Jesus, creio que você está ao meu lado e falando comigo o tempo todo. Quando meus olhos e meus ouvidos estão abertos eu o vejo e escuto sua voz em sua criação, na Bíblia, em sua Igreja, e em todas as circunstâncias de minha vida que você permitir. Senhor, hoje me comprometo uma vez mais a escutar seus sussurros e a fazer o que você ordena.*

# 34
## *A raiz de toda a sabedoria*

Se alguém lhe perguntasse de onde vem a sabedoria, o que você diria? Talvez a sabedoria venha de ler bons livros ou da convivência com pessoas de grande conhecimento. Talvez ela venha de ter vivido uma vida longa com muitas experiências variadas. No entanto, quando a Bíblia fala de sabedoria, não diz que ela se origina de uma consideração cuidadosa, de reflexões filosóficas, ou até mesmo de muitos anos de experiência vital. A raiz da sabedoria, lemos, é: "O começo da sabedoria é o temor do Senhor" (Pr 9,10). Isso pode nos parecer um pouco estranho. Será que Deus realmente quer que nós o temamos? Como é que o "temor" nos faz sábios?

O filósofo político italiano Nicolau Maquiavel é famoso por ter perguntado em sua obra clássica *O príncipe* se um monarca deve se esforçar para ser temido ou para ser amado. Ele responde a essa pergunta, dizendo: "Pode ser respondido que devemos desejar ser ambos, mas, porque é difícil unir os dois em uma pessoa, é muito mais seguro ser temido do que amado quando, dos dois, um deles deve ser dispensado"[38]. Em outras palavras, as duas coisas, ser temido e ser amado, são boas, mas como é difícil ser ambos, é mais vantajoso ser temido se um monarca tem de escolher entre os dois.

---

38 MACHIAVELLI, N. *The Prince*, cap. 17.

Maquiavel explica: "Os homens têm menos escrúpulo em ofender alguém que é amado do que alguém que é temido, pois o amor é preservado pelo elo de obrigação que, em virtude da baixeza humana, é rompido a cada oportunidade que lhe seja vantajosa; mas o temor retém você por medo do castigo que nunca falha". Pelo menos para Maquiavel, o medo parece ganhar do amor quando se trata de manter nossos súditos na linha.

Não posso imaginar, no entanto, que foi isso que o autor bíblico estava pensando quando falou do "temor ao Senhor" como o começo da sabedoria. Não há dúvida de que Deus preferiria ser amado do que ser temido. De certa forma, o amor e o medo são até incompatíveis. O próprio São João escreveu: "No amor não há medo. Ao contrário, o perfeito amor lança fora o medo, pois o medo implica castigo, e aquele que tem medo não chegou à perfeição do amor" (1Jo 4,18). Portanto, por que nós cristãos ainda falamos de "temor ao Senhor", como se isso fosse uma coisa boa?

"Temor ao Senhor" é um dos sete dons do Espírito Santo. Tem pouco a ver com medo no sentido da emoção dolorosa provocada por um perigo iminente. Com efeito, Santo Agostinho observa que há vários tipos de medo e que o temor ao Senhor não é "medo humano", mas aquele medo do qual foi dito, "temei aquele que pode destruir a alma e o corpo no inferno!" (Mt 10,28)[39]. De uma maneira bastante simples, o medo nesse sentido significa "seguir a orientação de levar a sério" ou até "honrar como merecedor de respeito". Dizer que não tememos nem Deus nem o homem significa que não nos importamos com a opinião de qualquer outra pessoa, nem mesmo a de Deus. Dizer que uma pessoa é alguém "que teme a Deus" significa que ela se importa mais com aquilo que Deus pensa do que com aquilo que outros pensam, buscando agradá-lo, e não às pessoas.

---

39 SAINT AUGUSTINE. *De gratia et libero arbitrio*, xviii.

A essa altura você já sabe que Santa Catarina de Sena é uma de minhas favoritas. Ela fez uma distinção importante com relação à sabedoria e ao temor a Deus. Em seu *Diálogo* ela frequentemente estabelece uma distinção entre aquilo que chama de "medo submisso" e "medo sagrado". O primeiro é o medo de servos ou escravos, e o outro o de filhos e filhas. O primeiro provoca tristeza e ansiedade, o outro alegria e paz. E depois de fazer uma pergunta semelhante à de Maquiavel, Catarina ouve Deus que lhe dá a resposta contrária. O medo servil não é o bastante para a vida eterna; o amor é essencial. A lei antiga era a lei do medo; a nova lei é a lei do amor. Quando Jesus disse a seus discípulos "Eu já não os chamo de servos, mas de amigos", Ele estava descrevendo a diferença entre a lei antiga e a nova.

Você já percebeu que não há nada mais confortável do que estar com alguém que não se importa com aquilo que os outros pensam? Essas pessoas são mais felizes, mais alegres e livres, e não têm projetos ocultos. O que você vê é o que recebe, e o que você vê é altruísmo. Por outro lado, é óbvio que alguém que está tentando, por objetivos egoístas, impressionar as pessoas, ganhar seu voto, ou, de alguma forma obter sua aprovação, está fingindo. Ele é reprimido e restrito, mas não um ser livre. Nesse tipo de disposição mental ninguém pode ser plenamente feliz.

Fiquei especialmente satisfeito com as advertências contínuas que o Papa Francisco fez ao clero sobre "clericalismo". Ele disse que esse tipo de construção de carreira é antiético e contrário à nossa vocação para servir. Como isso é verdadeiro! Os jovens padres mais felizes que conheço, por exemplo, são aqueles que genuinamente não querem ser monsenhores e bispos e que evitam fazer qualquer coisa com a intenção de subir a escada eclesiástica. Como é libertador não ter outro projeto a não ser amor e não temer outra coisa que não seja descontentar a Deus! Se estou fazendo aquilo que devo e ainda assim meu patrão ou bispo não gosta de mim, tudo bem. Ele me dará a pior atribuição possível; mas ainda assim, tudo bem. Eu não só não estarei subindo uma escada, mas sequer verei uma. Confio que o próprio Jesus será minha escada no dia em que Deus me chamar para a Casa e para Ele. Se isso é verdadeiro para os clérigos, é igualmente verdadeiro para os leigos. Quem você está tentando agradar, e por quê? Para que você está vivendo? A sabedoria que Deus quer para nós, em última instância, nos levará para um lugar de grande paz e alegria.

É saudável nos perguntar por que fazemos aquilo que sabemos que não deveríamos fazer, e por que não fazemos aquilo que deveríamos fazer. Quando nosso pecado e nosso egoísmo são apenas sinais de nossas fraquezas podemos fazer o melhor que podemos, pedirmos conselhos às pessoas em quem confiamos sobre como vencer nossas deficiências e nos levantar depois de cada queda. Mas às vezes, há um problema mais fundamental: não estabelecemos um compromisso profundo com Deus; ainda estamos vivendo para nós, não tendo um "temor sagrado" do Senhor.

O temor do Senhor é o começo da sabedoria. Se olharmos para Deus como nosso ponto de referência, se nos voltarmos para Ele como aquele que define o que é e o que não é importante, e se nós quisermos agradá-lo mais do que tudo, é entrar no caminho da verdadeira sabedoria, e assim descobriremos a verdadeira medida daquilo que é e daquilo que não é. Se nós tememos o Senhor e não os homens, se damos importância à sua palavra mais do que à esperteza do mundo, já plantamos nossa confiança no lugar certo. E isso é realmente sabedoria.

*Pai dos céus, embora eu tenha dito isso antes, hoje o digo com uma convicção mais profunda: Escolho viver para você! Aumente em mim o temor sagrado a você, e só a você. Purifique minhas intenções de tal forma que eu possa só querer agradar você e amar os outros como você os ama.*

# 35

## *Discernimento*

A canção popular *Turn! Turn! Turn!* passou a ser um sucesso internacional no final de 1965 quando foi cantada pela Banda de *folk-rock* americana *The Byrds*. Escrita por Pete Seeger em 1959, a canção tem a característica de ter a letra mais antiga de qualquer música que chegou ao número um das paradas de sucesso, já que foi inteiramente adaptada do Livro do Eclesiastes. Essa letra – muitas vezes atribuída ao Rei Salomão – lista uma série de atividades humanas que correspondem a momentos ou estações específicos.

> Para tudo há uma estação e um momento
> Para cada objetivo sob o céu:
> Um momento para nascer e um momento para morrer;
> Um momento para plantar e um momento para colher o que foi plantado;
> Um momento para matar e um momento para curar;
> Um momento para destruir e um momento para construir;
> Um momento para chorar e um momento para rir;
> Um momento para se lamentar e um momento para dançar;

Um momento para lançar pedras e um momento
para reunir pedras;
Um momento para abraçar e um momento para
abster-se de abraçar;
Um momento para obter e um momento para
perder;
Um momento para manter e um momento para
jogar fora;
Um momento para arrancar e um momento para
semear;
Um momento para silenciar e um momento para
falar;
Um momento para amar e um momento para
odiar
Um momento de guerra e um momento de paz.

Segundo o compositor, há um momento adequado para tudo – e, por extensão, poderíamos dizer que também há um momento inadequado para tudo. Há um momento para dançar, certamente, mas isso provavelmente não seria na época dos exames finais ou no enterro de um amigo. A virtude do discernimento, ou discrição, nos ensina o momento e o lugar adequados para tudo e nos permite distinguir entre as coisas que parecem quase as mesmas; e discernir significa separar. Discernimento é sabedoria em ação e uma virtude atribuída à Palavra de Deus.

A Palavra de Deus, lemos na Epístola aos Hebreus, "é viva, eficaz e mais penetrante do que qualquer espada de dois gumes. Penetra até dividir alma e espírito, articulações e medulas. Julga os pensamentos e as intenções do coração". Aqui a palavra "julga" (*discretor* em latim) significa "discernir". Uma palavra educada pode despertar aquele que está cansado, encorajar o tímido ou acalmar aquele que está aborrecido. Mas uma palavra ruim pode ter o efeito oposto: constranger, dividir, perturbar e escandalizar. E quem pode julgar? Quem pode saber o melhor momento para agir ou as melhores palavras a serem ditas? Isso também é sabedoria, uma sabedoria que humildemente pedimos ao Espírito da Sabedoria, o próprio Deus.

> Espírito Santo
> inspire-me a saber o que pensar,
> o que devo dizer
> o que devo calar
> o que devo escrever
> o que devo fazer
> como devo trabalhar para o bem de todas as pessoas
> a realização de minha missão
> e o triunfo do reino de Cristo.

Em seu pequeno livro *Exercícios espirituais,* Inácio de Loyola, o fundador dos jesuítas, ensinou que um aspecto importante do discernimento sobre questões principais é o "discernimento de espíritos". Espíritos aqui se refere à ação perceptível de Deus em nossa alma, que nos leva em uma certa direção quando consideramos se vamos tomar um caminho ou outro. Descobrimos essa ação divina – o movimento do Espírito em nossas almas – durante um longo período de tempo. Deixe-me explicar.

Há algum tempo eu estava em Roma com o Cardeal Timothy Dolan e tive a alegria de ser coanfitrião de seu programa de rádio no canal católico da Rádio Sirius XM. O público presente era constituído de estudantes universitários e os convidamos a fazer perguntas ao cardeal. Um jovem contou ao cardeal sua história emocional: ter rompido com sua namorada uma semana antes. Ele perguntou, "Então, Cardeal Dolan, como sei se fiz a coisa certa?" O público não sabia se ria ou chorava. Por um lado, era cômico ouvir o universitário pedir ao Cardeal Dolan um conselho sobre namoro, e especificamente sobre uma moça que o cardeal nunca tinha conhecido. Por outro lado, a pergunta foi tão pessoal e tão pura, que todos ficaram tristes por esse jovem rapaz. De qualquer maneira, todos estavam ansiosos para ouvir a resposta do cardeal.

Ora, o Cardeal Dolan normalmente começa sua resposta a praticamente qualquer coisa com uma brincadeira. Isso deixa as pessoas confortáveis e abre o coração para a resposta muito séria que ele está a ponto de dar. Mas dessa vez o cardeal ficou muito sério. Acho que ele reconheceu que a pergunta era difícil e também importante. Começou lembrando ao rapaz que, quando estamos discernindo a vontade de Deus sobre uma questão como essa, há normalmente certas coisas das quais podemos estar seguros. Por exemplo, se a sua antiga namorada está casada com outra pessoa... ela já não é a pessoa certa. Se ele já se casou com outra pessoa... ela não é a pessoa certa. Se ela não compartilha nenhum de seus valores... provavelmente ela não é a pessoa certa. Se ele não gosta dela, ou se ela não gosta dele... ela definitivamente não é a pessoa certa. Se as pessoas nas quais ele mais confia dizem que ela não é boa para ele... provavelmente ela não é a pessoa certa.

Quando todas essas questões básicas estão resolvidas, continuou o cardeal, e ainda não sabemos o que fazer, normalmente é porque ainda precisamos de mais discernimento. É aqui que entra o "discernimento de espíritos" de Inácio de Loyola. O Cardeal Dolan explicou, então, a esse rapaz, que discernimento de espíritos envolve analisar a situação de sua mente e de seu coração durante um longo período de tempo. Há uma paz e uma serenidade duradouras que vêm de seguir uma das escolhas disponíveis? Durante um longo período de tempo somos mais capazes de orar, de conversar com Deus e de amar aqueles à nossa volta quando estamos em um desses caminhos, e não no outro?

Como o Cardeal Dolan lembrou àquele jovem, o discernimento de espíritos, o descobrimento da ação divina em nossa alma, gentilmente nos levando na direção que será melhor para nós, ajuda-nos a fazer escolhas sábias. A sabedoria para saber a diferença é tão verdadeira quanto sutil. Deus está do nosso lado. Ele não está esperando para nos punir se buscamos sua vontade, mas fazemos a coisa errada. Tudo o que Ele nos pede é um coração e uma mente prontos para escutar e obedecer a seus sussurros. Deus é verdadeiramente a origem de toda a sabedoria humana, e por isso nós oramos.

*Bem lá no fundo, só quero fazer sua vontade, oh Senhor.*
*Às vezes minha mente, meu coração ou meu corpo me dizem que outro caminho é melhor. Conceda-me hoje o dom da generosidade quando eu discernir sua vontade. Presenteie-me com sua sabedoria para que eu possa discernir o caminho que devo tomar, nas grandes e nas pequenas coisas.*

# 36

## *Não evite riscos, corra os riscos certos*

A "sabedoria para perceber a diferença" nos fala de um espírito que discerne, não de um espírito de timidez ou de precipitação, mas de clareza e determinação. Geralmente associamos prudência à aversão a riscos, à capacidade de controlar nossos impulsos e tomar um caminho mais cuidadoso e mais "prudente". Por exemplo, quais dos casos a seguir você normalmente associaria com a virtude da prudência?

1) Uma mulher recebe a oferta de uma promoção a vice-presidente internacional de sua empresa, e após pesar as opções e discutir o assunto com seu marido, aceita o emprego, apesar do preço que isso exigirá de sua vida familiar em virtude do número maior de viagens que terá de fazer e das responsabilidades que terá de assumir.

2) Um homem recebe a oferta de sociedade em um novo empreendimento comercial que promete lucros prováveis acima de 25%, mas decide não arriscar o capital de sua família e recusa a oferta.

3) Pedem a uma mulher sua opinião sobre o casamento homossexual e ela responde diplomaticamente para evitar ofender sensibilidades e pôr em perigo seu emprego.

4) Convidam um homem para uma viagem de negócios em Las Vegas, mas sabendo sua fraqueza por bebidas alcoólicas e mulheres e os valores de seus colegas de trabalho, ele decide não fazer a viagem.

Todos esses são exemplos de pessoas exercendo aquilo que poderia ser apropriadamente descrito como prudência, mas nós estamos naturalmente inclinados a considerar as escolhas mais cautelosas como as mais prudentes. Como vimos durante toda a vida de Jesus, no entanto, a prudência não é somente uma questão de saber o que não dizer ou o que não fazer, mas também de saber o que dizer e fazer quando as coisas vão ficar complicadas, principalmente para nós.

Podemos encontrar uma ilustração perfeita disso no Evangelho. Simão Pedro e os outros apóstolos estão remando, atravessando o Mar da Galileia em uma violenta tempestade (Mt 14,22-23). Eles veem Jesus caminhando em sua direção sobre a água, e Pedro grita: "Senhor, se és Tu, manda-me ir ao teu encontro, caminhando sobre a água". Enquanto isso, os outros apóstolos continuam sentados no barco para observar o que irá ocorrer. Quem é mais prudente, Pedro ou os outros apóstolos? Nós imediatamente acharíamos que os outros apóstolos são muito mais prudentes, já que eles evitam a decisão precipitada de sair de seu barco para tentar andar sobre a água em uma tempestade. No entanto, quando Pedro diz isso a Jesus, este responde: "Vem!", e Pedro sai do barco, começando a andar em sua direção. A confiança total de Pedro no Senhor é um exercício bom e, em última instância, prudente.

Tomás de Aquino descreve prudência com a rainha das virtudes e o "cocheiro" com todas as rédeas na mão, que coordena todas as outras virtudes como se elas fossem os cavalos puxando a carruagem. Baseando-se nisso, o *Catecismo da Igreja Católica*, promovido por João Paulo II, fala da prudência como "a virtude que usa a razão prática para discernir nosso verdadeiro bem em todas as circunstâncias e a escolher o meio correto de alcançá-lo... Prudência é 'a razão correta em ação'"[40].

Por mais racional que a sociedade secular possa parecer, creio que, na verdade, a razão já não é a favorita. Há mais conversas sobre a tomada de decisão emocional, sentimentos instintivos e sensibilidade do que sobre escolhas racionais, que parecem um tanto frias e insensíveis. Mas no final, a boa ação responde à boa razão. Para um cristão essa é a razão iluminada pela fé.

Tomemos uma simples analogia do mundo dos esportes. Pense em um jogador de beisebol que vai rebater. Ele tem escolhas a fazer, mas elas são basicamente reduzidas a duas: girar ou não girar o bastão em um arremesso determinado. No entanto, apesar da simplicidade da decisão, há inúmeros fatores que ele deve pesar, muitas vezes em um instante. Aqui a riqueza da tomada de decisão prudente torna-se mais evidente. Há, por um lado, a possibilidade de oportunidades perdidas; o perigo de esperar demais ou de perder o melhor arremesso. Em outras palavras, há consequências se o rebatedor deixar de atuar. A prudência nem sempre aconselha a inação, mas sabe que tanto a ação quanto a inação têm suas vantagens e seus riscos. O rebatedor deve evitar os perigos duplos do perfeccionismo (esperar o arremesso perfeito) e a negligência (presumir que qualquer arremesso seria ótimo porque eles são todos iguais).

Segundo, o rebatedor deve avaliar a oferta diante dele: a qualidade do arremesso. O arremesso é de *strike* ou uma bola fora? É alto ou baixo? Está dentro da amplitude do rebatedor ou fora dela?

Terceiro, a prudência também exige autoconhecimento. O rebatedor deve ter em mente seus próprios pontos fortes e pontos fracos objetivos, suas inclinações e tendências: que tipo de arremesso ele prefere (ou que faz dele um idiota?). Com que facilidade ele rebate

---

40 *Catecismo da Igreja Católica*, 1992, n. 1806.

arremessos baixos, arremessos altos, curvas ou *sliders*? Em todas as nossas decisões precisamos considerar não só a escolha a ser feita, mas quem a está fazendo!

Quarto, nosso rebatedor deve levar em consideração um número de circunstâncias que irão afetar a maneira como ele aborda sua decisão. Qual é a contagem? Ele ainda pode errar no próximo arremesso? Quantos homens estão na base? Qual é o escore do jogo? Em que *inning* está o jogo? Se a contagem é 3-0 o rebatedor pode relaxar mais do que se a contagem for 0-2. Se sua equipe está dando uma surra no oponente, ele pode ficar mais à vontade do que quando o escore está muito apertado.

Eu lhe disse antes sobre minha escolha extremamente dolorosa de deixar uma ordem religiosa da qual eu era membro durante quinze anos e me mudar para Nova York para ser um padre secular. Eu tinha sérias preocupações quando estava deixando minha família religiosa de que minha escolha era imprudente, de que talvez a melhor coisa a fazer fosse continuar. Mas havia algo dentro de mim – hoje sei que era o movimento do Espírito – que me cutucava com força e durante tempo suficiente para que eu escolhesse me lançar em águas profundas e desconhecidas. Nesse caso não posso dizer que inicialmente segui o caminho recomendado do "discernimento dos espíritos". Isso veio mais tarde. Naquele momento eu sabia apenas que Deus estava me direcionando para ir adiante e rapidamente. Olhando para trás, para aquilo que iria ocorrer na ordem religiosa nos anos seguintes, vejo por que Deus me incitou a agir tão rapidamente. Se eu tivesse esperado mais tempo, teria me sentido obrigado a permanecer e ser parte do processo iminente de reforma ordenado pelo Vaticano. Isso foi certamente o que Deus pediu a outros, mas por algum motivo Ele não pediu isso a mim.

Trago essa história pessoal de volta para nossa jornada em busca da paz de Deus, por meio da serenidade, da coragem e da sabedoria, para demonstrar que no final esses são todos dons de Deus que vêm em pacotes personalizados. Foi Deus quem me mostrou a coisa sábia e prudente a fazer naquele momento. Minha decisão não foi o resultado de um estudo racional da situação ou da aplicação de uma fórmula.

Finalmente, hábitos são importantes. Como uma virtude, a prudência não é uma boa ação e sim um bom hábito. Não é possível para um rebatedor analisar tudo no momento. Ele precisa depender de seus instintos, que, no entanto, não são tendências inatas, mas padrões de comportamento aprendidos que foram gravados pela repetição. Nunca devemos confundir a experiência (tomar decisões boas, racionais) com simples intuição (ter um sentimento instintivo). A repetição de boas ações deliberadas e inteligentes cria um bom hábito, de tal forma que eventualmente essas boas ações passam a ser uma segunda natureza. No bastão, não importa quanto livros você leu sobre beisebol. Importa sim como você se condicionou a fazer a coisa certa em uma fração de segundo, quando não há tempo para calcular todas as dimensões da decisão à frente. O mesmo ocorre na vida espiritual: o melhor tomador de decisões será aquele que desenvolveu o hábito de escutar a voz de Deus e segui-la para onde quer que ela oriente.

A "sabedoria para perceber a diferença" é o fruto do Espírito que normalmente parece com a virtude da prudência. Nós a pedimos, mas também trabalhamos nela. Um bom hábito mais a graça do Espírito Santo são a combinação perfeita para atuar como devemos, com serenidade, coragem e sabedoria.

*Pai dos céus, você enfrentou o risco final de dar à humanidade o livre-arbítrio. Você apostou em mim para dizer sim a seu amor e a seu perdão. Dê-me aquele mesmo espírito de risco prudente contra as inclinações instintivas da carne que me levam para baixo e em favor de seu plano perfeito para a minha vida.*

# 37

## *Uma vida de determinação e de significado*

Você está ficando mais sábio à medida que vai lendo? Mesmo que você não sinta isso, aposto que é o que está ocorrendo. Essa é a maneira pela qual Deus parece transmitir a sabedoria. Ele nos alimenta com a verdade no tamanho de pequenas mordidas, e enquanto as estamos processando, parte delas se cola a nossos ossos espirituais e se torna parte daquilo que somos. Sem percebê-lo, começamos a pensar e a julgar de uma forma diferente; começamos a dar mais valor às coisas importantes; ficamos mais pacientes e mais confiantes no poder e na vontade de Deus para intervir quando nós não podemos; tornamo-nos menos preocupados sobre o que os outros pensam de nós e mais atentos ao modo como Deus nos vê.

Tornar-nos os homens e mulheres que Deus quer que sejamos não ocorre da mesma maneira, ou na mesma ordem, para todos. Assim como há milhões de maneiras de armar um quebra-cabeças, cada um de nós indica nosso próprio caminho até o abraço da sabedoria de Deus. Cada um desses capítulos foi planejado para ser uma peça do quebra-cabeça. Leve bastante tempo examinando cada peça; imagine onde você pode colocá-la, depois use-a ou coloque-a a seu lado para usá-la mais tarde. É possível que você queira retornar em algum momento no futuro e reexaminar o capítulo com relação a onde você está, reconsiderar o que está faltando, o que é bom e o que precisa ser removido ou mudado de lugar para se encaixar bem em seu mosaico de verdades.

Passamos grande parte de nossa vida nos preocupando sobre como fazer as coisas; grande parte de nosso treinamento na escola está direcionado a aprender como fazer coisas; tornamo-nos úteis e "contratáveis" adquirindo competência em várias áreas; nosso valor para os outros aumenta à medida que adquirimos *know-how* e expandimos nosso repertório de capacidades, nosso "conjunto de técnicas". Além disso, à medida que o fazemos também adquirimos autoconfiança e uma sensação saudável de independência. Aprendemos a usar o computador, a dirigir, a cozinhar, a fazer nossa contabilidade, a realizar experimentos, a nos comunicarmos, a solucionar problemas, e assim por diante. Essas aptidões nos fazem sentir como se tivéssemos uma capacidade de lidar com a vida, e elas são terrivelmente importantes – contanto que estejamos conscientes de uma dimensão ainda mais importante de nossa existência: o sentido por trás dessas nossas aptidões. Se a sabedoria é a capacidade de discernir o que é importante, então precisamos saber a importância relativa de nossas técnicas e aptidões em nossa vida, tanto para agora quanto para a eternidade.

Ao contrário de qualquer outra criatura, nós humanos podemos determinar os motivos para nossas ações, e esses motivos nos fazem quem nós somos. "Por que me levanto pela manhã?" "Por que cuido de um membro da família que está doente?" "Por que trato as pessoas de uma certa maneira?" "Por que vou à escola ou ao trabalho?" "Por que permaneço em um relacionamento?" Em última instância, essas perguntas são mais importantes do que a mera mecânica de como cada uma dessas ações é realizada. Reservar algum tempo para considerar os "por ques" por trás de nossas ações é muitíssimo importante no processo de buscar a sabedoria.

Aquele grande mestre do significado, Viktor Frankl, refletindo sobre sua experiência nos campos de concentração nazistas, chegou à seguinte conclusão:

> Um ser humano não é uma coisa entre outras: as coisas determinam umas às outras, mas o homem, em última instância se autodetermina. Aquilo que ele se torna – dentro dos limites de seus dons e do seu meio ambiente – ele o fez a partir de si mesmo. Nos campos de concentração, por exemplo, nesse laboratório vivo e nesse campo de ensaio, observamos e testemunhamos alguns de nossos camaradas se comportarem como porcos, enquanto outros se comportavam como santos. O homem tem ambas as potencialidades dentro de si; qual delas é realizada depende de decisões, mas não de condições[41].

A crença profunda que Frankl tinha na liberdade da pessoa humana foi baseada em sua experiência de como pessoas diferentes reagiam a circunstâncias idênticas de maneiras radicalmente diferentes. Algumas se permitiam ser moldadas por seu ambiente, enquanto outras decidiam por si mesmas que tipo de pessoa seriam. Ele convincentemente expressa isso, nas condições horríveis do campo de concentração; ele viu "alguns de nossos camaradas se comportarem como porcos enquanto outros se comportavam como santos". Em todo seu livro – pequeno, mas maravilhoso – *Em busca de sentido,* Frankl retorna repetidamente a um ponto importante: "Não há nada no mundo [insiste ele] que tão eficazmente nos ajudaria a sobreviver mesmo às piores condições do que o conhecimento de que há um sentido em nossas vidas. Há muita sabedoria nas palavras de Nietzsche: 'Aquele que tem um *por que* para o qual viver pode su-

---

41 FRANKL, V.E. *Man's Search for Meaning*. Nova York: Simon & Schuster, 1985, p. 157.

portar quase qualquer coisa'"[42]. É o sentido que motiva nossas ações e nos liberta da angústia de uma existência absurda.

Algum significado vem de nossa determinação. Nós o criamos gravando um sentido, um valor e uma motivação em nossas escolhas e ações. Escolhemos fazer certas coisas de uma certa maneira por uma certa razão. Criamos uma vida para nós mesmos por nossas decisões, e cada momento único se encaixa no quadro maior da história, a "autobiografia viva" que cada um de nós está escrevendo. Mas junto com o significado que nós mesmos criamos está outro significado escrito na existência humana, que não é feito por nós mesmos, mas está lá para ser descoberto. As coisas se encaixam em um quadro ainda maior, que é a própria história humana, uma teia complexa de relacionamentos, eventos e ações.

É claro, algumas pessoas discordam dessa ideia. Elas argumentariam que o universo não tem qualquer significado em si mesmo, mas apenas aquele que nós lhe damos. Devemos aceitar plenamente a verdade – elas afirmariam –, mesmo que isso signifique aceitar um universo sem qualquer significado. Afinal, é melhor aceitar o absurdo do que viver em um autoengano voluntário. Eu concordaria com isso totalmente. Uma mentira com boas intenções ou consequências felizes ainda é uma mentira. Estou também firmemente convencido, no entanto, de que a vida humana, e cada mínimo momento dela, está infundida com significado. E esse significado está lá para ser descoberto. O universo é inteligível, algo com que estão de acordo tanto ateus quanto crentes. Se não fosse por isso, as ciências naturais não funcionariam. Deve haver leis e padrões na natureza para que as ciências naturais tenham qualquer reivindicação à universalidade e predicabilidade. De onde vem esse significado? Ele é resultado de sorte ou o produto de uma inteligência criativa?

42 Ibid., p. 126.

Você sabe o que eu acho porque dei minha vida para a resposta. Deus é a inteligência criativa por trás de você, de mim e de toda a criação, e o significado e objetivo existencial das coisas só pode ser encontrado nele. Deixe-me lhe contar como eu sinto isso na vida cotidiana.

Há muito tempo decidi que se Deus me fez e tem um plano para mim, e se aquele plano é principalmente relacionado com chegar ao céu e trazer comigo o maior número de pessoas que eu puder, como a Bíblia me diz, então devo abordar minhas decisões sobre tudo nessa vida com uma simples pergunta: Essa coisa, pessoa, organização ou atividade criada me ajudará a alcançar essa meta, ou ela é uma distração? Para dizer a verdade, muitas vezes deixo até de me fazer essa pergunta, e quando a faço, às vezes prefiro a distração à verdade. Mas essa opção fundamental que fiz (Inácio de Loyola chama-a de "princípio e base") é um modificador de vidas. Essa simples pergunta e sua resposta dão significado espiritual para aquilo que estou fazendo.

Se você que tem um cônjuge e uma família e precisa decidir se muda para outra cidade em virtude de uma oferta de emprego, ousar fazer a si próprio essa pergunta – eu prometo –, irá fazer sua escolha correta. E então, quando você fizer sua escolha, e for uma escolha difícil que faz com que seus filhos reclamem e seu cônjuge tenha dúvidas, essas consequências podem não ser divertidas, mas você tem um bom motivo para continuar. Por trás de sua ação está a determinação espiritual que irá trazer você e sua família para mais perto de Deus.

Podemos nos sentir reconfortados ao saber que nosso esforço para fazer a escolha sábia por meio do discernimento da vontade de Deus é uma escolha que sempre será abençoada, ainda que o resultado no curto prazo seja desapontador. Poucos anos atrás uma família se aproximou de mim e me perguntou se a paróquia poderia ajudá-la financeiramente, já que estava passando por uma crise terrível de desemprego simultâneo e sua filha mais nova estava doente. A paróquia tinha uma política de não dar dinheiro a indivíduos, e sim apoiar programas que forneciam serviços aos necessitados. Eu enviei a família a várias organizações, mas, no final, elas não puderam dar apoio suficiente para solucionar o problema. Os pais estavam desempregados, e a família composta por seis pessoas tinha sido despejada de seu apartamento quando estavam tentando cuidar da filha mais nova que estava internada. Sua situação era desesperadora, e eu não pude abandoná-los. Decidi pedir a dois de meus amigos que compartilhassem comigo o pagamento de seis meses de aluguel daquela família para lhe dar tempo de se reerguer. Cada um de nós contribuiu com US$ 2.000. Quando recebi os cheques, fui com o pai da família ao banco e abri uma conta em seu nome. Era sua primeira conta bancária. Duas semanas mais tarde a família se mudou do apartamento, sem ter pago o aluguel, e eu nunca mais soube dela.

Essa foi uma pílula difícil de engolir. É claro, senti-me traído por aquela família, mas também constrangido diante de meus generosos amigos. A minha escolha foi sábia? Realmente não. Ela será abençoada por Deus? Com toda certeza. O resultado de curto prazo de nossas escolhas é muito menos importante do que a busca sincera da vontade de Deus. Porque acreditamos no céu, escolhas moralmente corretas são sempre as melhores, mesmo quando não dão certo.

O caminho comum para a sabedoria nos leva a fazer as perguntas difíceis com relação ao sentido no mundo e em nossas vidas, e depois atuar em harmonia com a verdade que descobrimos.

*Pai, tenho tanto trabalho à minha frente, tanto a fazer e tantas distrações, que muitas vezes me encontro apenas boiando na corrente da vida. Não quero fazer isso porque sei que estou ignorando seu plano para mim, para que eu me una a você no coração e na ação. Concede-me hoje a sabedoria para fazer tudo com carinhosa determinação.*

# 38

## *Sabedoria cristã?*

O grande apologista cristão C.S. Lewis escreveu certa vez um ensaio deliciosamente provocativo sobre a ideia da literatura cristã, extraído de um texto que ele apresentou para uma sociedade religiosa em Oxford[43]. Ele pergunta se existe alguma coisa como "literatura cristã" e, se existe, como ela poderia diferir da literatura secular. Seu argumento principal é que as regras para a boa literatura são as mesmas para cristãos e não cristãos. Ele escreve: "Questione se ela tem quaisquer qualidades literárias que lhe são peculiares. As regras para escrever uma boa peça sobre a Paixão ou um poema lírico devocional são simplesmente as regras para escrever uma tragédia ou poema lírico em geral". Ele continua usando um exemplo engraçado: perguntando se existe uma coisa como um livro de receitas cristão, ele corretamente conclui: "Fazer um ovo cozido é o mesmo processo, seja você cristão ou pagão". Lewis está certo, é claro. Seria patentemente absurdo falar de matemática cristã ou de uma tabela periódica de elementos cristã, como se, de alguma maneira, os cristãos seguissem um conjunto diferente de regras quando se envolvem em álgebra ou química.

43 LEWIS, C.S. "Christianity and Literature". In: *Christian Reflections*. Grand Rapids, MI: Eerdmans, 1967, p. 1-11.

A verdade é verdade afinal; portanto, a verdade para um cristão deve coincidir com a verdade para um não cristão. Isso parece ser senso comum. Portanto, por que falar sobre sabedoria cristã, como se ela fosse de alguma maneira diferente da sabedoria comum da humanidade? Sem dúvida é verdade que tudo que é realmente bom para a humanidade é igualmente bom para o cristão, e vice e versa. O cristianismo eleva o homem, mas não muda sua natureza.

A sabedoria cristã, se é que existe tal coisa – e eu acho que existe –, não pode ser a sabedoria que é válida para os cristãos, mas não para todas as outras pessoas. Deve ser alguma outra coisa. Não é um tipo de ensinamento esotérico e gnóstico reservado para uns poucos iniciados iluminados. Ela deve consistir, ao contrário, naquela sabedoria superior que Cristo veio revelar para toda a humanidade. Os cristãos creem que o próprio Deus tornou-se homem para nos revelar a verdade sobre a existência humana. Jesus Cristo é Deus, mas também é homem. Se nele nós conhecemos Deus, nós também conhecemos o homem – o homem ideal – que Ele supostamente seria. Se queremos saber o que significa ser verdadeiramente humano e o que é mais importante na vida, encontramos respostas para essas perguntas na vida de Cristo. A sabedoria cristã, então, abraça as verdades, às vezes contraintuitivas sobre a vida humana, que correspondem à maneira divina de ver as coisas – que, afinal, é a maneira absolutamente objetiva e pura de vê-las como elas são.

A sabedoria cristã ultrapassa a sabedoria meramente humana, sem jamais contradizê-la. Ela ultrapassa a sabedoria humana porque ela vem do próprio Deus. O cristianismo oferece diretrizes básicas para avaliar os vários aspectos da existência humana e atribuir a eles o peso que merecem. Tendo visto que a sabedoria discerne entre o que é importante e o que não o é, somos imensamente ajudados naquele discernimento pelos critérios oferecidos pelo cristianismo. Ele nos ensina, por exemplo, que a eternidade é mais importante do que a temporalidade, que a vontade de Deus é mais importante do que considerações meramente pragmáticas, e que as pessoas são mais importantes do que as coisas.

Vale a pena ponderar sobre os elementos da sabedoria cristã; portanto, dedicaremos os próximos capítulos a explorá-los.

# 39

## Tenho o céu na minha mente

Em 2009, Suzy Welch publicou seu *best-seller 10-10-10: Hoje, amanhã e depois*[44]. É um guia para processos decisórios prudentes baseados em uma premissa muito simples. Frequentemente fazemos más escolhas porque agimos por impulso, seguindo aquilo que sentimos naquele momento, e não seguindo a razão. Para escapar dessa armadilha, Welch recomenda ir mais devagar e perguntarmos a nós mesmos como iremos nos sentir sobre aquela decisão daqui a dez minutos, daqui a dez meses e daqui a dez anos (10-10-10). Uma tomada de decisão prudente exige sair do momento presente a fim de trazer objetividade para nossas decisões, indo mais além da paixão e da emoção para agir com a razão.

Welch está certa. Muitas vezes dizemos coisas das quais nos arrependemos imediatamente, mas não podemos pegá-las de volta. Se pudéssemos simplesmente morder a língua por um momento, por tempo suficiente para pensar sobre como nós iremos nos sentir sobre aquelas palavras dez minutos mais tarde, pouparíamos muito constrangimento e muitos arrependimentos. Dez minutos nos dão tempo para esfriar a cabeça, especialmente quando estamos sentindo as paixões mais veementes de zanga e orgulho. Antes de pronunciar-

---

44 WELCH, S. *10-10-10:* A Life-Transforming Idea. Nova York: Scribner, 2009.

mos uma palavra indelicada ou ofensiva ou enviar rapidamente um e-mail grosseiro, um momento de consideração é uma boa ideia.

Isso também se aplica ao médio e ao longo prazos. Perguntar-nos como iremos sentir sobre uma certa escolha daqui a dez meses ou daqui a dez anos, quando toda a emoção foi removida da situação, pode definitivamente nos ajudar a fazer decisões prudentes, com as quais sempre estaremos felizes. Muitas vezes o conselho que damos a outras pessoas é perfeito, embora nossas próprias escolhas possam não brilhar com o mesmo bom-senso. Como iremos avaliar uma decisão comercial, um divórcio, uma mudança ou um caso romântico daqui a dez meses ou daqui a dez anos? Envolver-se nesse exercício mental para eliminar nossos sentimentos atuais pode efetivamente sincronizar nosso próprio bom conselho com a tomada de decisão real.

Por melhor que seja o conselho de Welch, não posso deixar de pensar que o ponto de referência mais importante está faltando. Na tradição cristã aprendemos a avaliar nossas ações não só à luz do futuro, mas especialmente à luz da eternidade. Para ser verdadeiramente sábios, devemos ter a sensação de que as coisas valem a pena sob a perspectiva de Deus. Em seu livro *Exercícios espirituais*, um verdadeiro transformador de vida, Santo Inácio de Loyola inclui uma meditação sobre a morte. Essa meditação não tem nada a ver com a horripilante fixação medieval com caveiras e esqueletos, mas, ao contrário, reflete o princípio muito sábio de que devemos tentar avaliar nossas ações presentes considerando o que iremos apreciar na hora de nossa morte. É espiritualmente saudável – raciocina Inácio – viver agora da maneira como gostaríamos de ser encontrados ao morrer, quando iremos olhar para trás, para nossa vida sob a perspectiva de Deus. O que iremos valorizar, então? O que iremos lamentar? O que irá parecer mais precioso e o que parecerá simplesmente uma perda lamentável de tempo e de talentos?

Uma perspectiva eterna faz uma leitura totalmente nova do método de Welch. Em vez de considerar nossas escolhas atuais segundo aquilo que iremos valorizar daqui a alguns minutos, meses ou anos, que tal considerá-las de acordo com aquilo que iremos valorizar quando esta breve vida terminar?

Naquele momento, o que você irá preferir: Ter aperfeiçoado sua tacada no golfe ou ter aprendido humildade e paciência? O que parecerá mais importante: Ter acumulado milhões de dólares ou ter amado a Deus e servido seus irmãos e irmãs? O que você irá valorizar mais: A missa de domingo ou as horas extras de sono?

O grande místico medieval Tomás de Kempis oferece um conselho semelhante ao de Inácio, com base nos ensinamentos de Jesus. Em seu clássico espiritual *Imitação de Cristo*, ele dá a seus leitores o seguinte conselho sábio:

> Em cada ato e em cada pensamento atue como se você fosse morrer naquele mesmo dia. Se você tiver uma boa consciência, não temerá muito a morte. É melhor evitar o pecado do que temer a morte. Se você não estiver preparado hoje, como é que estará preparado amanhã? O amanhã é um dia incerto; como é que você sabe que terá um amanhã?[45]

Jesus faz a pergunta mais importante de todas elas para determinar o verdadeiro valor das coisas: "De fato, o que adianta a alguém ganhar o mundo inteiro, se perde a própria vida?" (Mt 16,26). Se nosso 10-10-10 funciona apenas para esta vida, mas não para a eternidade, ainda estaremos perdendo o que é mais importante. Não importa quão boas e prudentes nossas escolhas possam parecer; precisamos medi-las contra nosso verdadeiro horizonte final: a eternidade.

---

45 KEMPIS, T. *The Imitation of Christ*, livro I, cap. 23.

Há uma peça polifônica maravilhosa para o Sábado de Aleluia que eu costumava cantar – não muito bem – quando estava no seminário. Escrita por Tomás Luis de Victoria, é chamada *Judas Mercator Pessimus* (livremente traduzida como "Judas, o pior comerciante). Ela relata em tons muito profundos e sóbrios que Judas foi o pior comerciante possível porque ele trocou aquilo que era mais precioso (Jesus!) por trinta moedas de prata. Ele esteve disposto a entregar o autor da própria vida por um pequeno ganho momentâneo, exatamente como Esaú trocou seu direito de primogenitura por um prato de lentilha.

Houve uma época durante meus estudos no seminário em que eu estava lutando terrivelmente com a dúvida de continuar ou não naquele caminho até o sacerdócio e o serviço em tempo integral à Igreja. O período mais intenso de dúvida durou cerca de seis meses e quase não tinha sentimento espiritual positivo. Eu não queria rezar; não queria me sentir sagrado ou espiritual ou qualquer coisa próxima a isso. E certamente não tinha desejo de ser padre. No auge da minha negatividade e dúvida, entrei na igreja em Bridgeport, Connecticut, onde nunca tinha estado. Acontece que, naquele mesmo momento, um padre estava ouvindo confissões e não havia ninguém na fila. Eu fui fazer minha confissão e contei a ele o que estava ocorrendo comigo. O padre era tão idoso que não sei se ele sequer podia ouvir o que eu estava dizendo. Não me ofereceu conselho espiritual algum sobre os pecados que confessei, mas o que ele disse virou minha vida de pernas para o ar: "Meu jovem, lembre-se de que o diabo quer que você seja um homem bom, apenas um homem bom". Como uma faca em meu coração, eu soube que eu estava sendo tentado para a mediocridade. Estava deprimido porque estava lutando com a tentação de viver minha vida à minha maneira, e não viver o presente da vida que Deus tinha me dado para viver de sua maneira... com meus olhos voltados para a eternidade.

Jesus muitas vezes recomendava a seus discípulos que "estivessem preparados" – não apenas como escoteiros prontos para uma noite inesperada na floresta, mas prontos, para, com um minuto de aviso-prévio, encontrarem seu criador e darem conta de sua vida. Ele nos avisa que aquele dia irá surgir "como um ladrão durante a noite" (1Ts 5,2) e nos lembra que ninguém sabe "o dia ou a hora" (Mt 24,36).

Essa admoestação para estar preparado não deve nos transformar em pessoas antiquadas, sem alegria e monótonas, mas sim em verdadeiros cristãos. Todas as coisas boas têm seu lugar, mas nem todas as coisas boas são iguais em importância. Quando olhamos para o passado com a perspectiva da eternidade, tenho certeza de que desejaremos acima de tudo ver uma vida linda, uma vida bem-vivida, uma vida forjada por decisões tomadas à luz da eternidade! Para citar Tomás de Kempis mais uma vez, "Quão feliz e prudente é aquele que tenta agora na vida ser aquilo que ele quer vir a ser na morte!"

Repetidamente em suas parábolas Jesus enfatiza o valor relativo dos bens temporais comparado aos bens eternos. Ele encoraja seus discípulos a manterem suas vistas voltadas para o céu, e não se atolarem nos prazeres e riquezas que o mundo oferece. Em termos mais claros, Ele contrasta os bens fugidios da existência temporal com os bens permanentes da eternidade:

> Por isso, eu vos digo: não vivais preocupados com o que comer, quanto à vida; nem com o que vestir, quanto ao corpo. A vida é mais do que o alimento, e o corpo, mais do que a roupa. Olhai os corvos: não semeiam nem colhem, não têm celeiro nem despensa. No entanto, Deus os sustenta. Será que vós não valeis mais do que os pássaros? Quem dentre vós pode, com sua preocupação, acrescentar um só dia à duração de sua vida? Se não está em vosso poder fazer a menor coisa, como então vos preocupar com o resto? Olhai como crescem os lírios. Não

> trabalham, nem fiam. No entanto, eu vos digo: nem Salomão, em toda a sua glória, jamais se vestiu como um só dentre eles. Ora, se Deus veste assim a erva do campo, que hoje existe e amanhã é lançada ao forno, quanto mais não fará convosco, gente de pouca fé. Também vós, não fiqueis ansiosos com o que comer ou beber. Não vos inquieteis! Os pagãos deste mundo é que vivem procurando todas essas coisas, mas o vosso Pai sabe que delas precisais. Buscai, pois, o seu Reino, e essas coisas vos serão dadas por acréscimo (Lc 12,22-31).

São Paulo também exorta os membros da Igreja Primitiva a conservarem essa escala de valores, a se tornarem "homens novos", com um conjunto novo de critérios e valores. Esses valores devem distinguir o cristão do não crente. Em uma passagem Paulo diz: "Se ressuscitastes com Cristo, buscai as coisas do alto, onde Cristo está entronizado à direita de Deus; cuidai das coisas do alto, não do que é da terra" (Cl 3,1-2).

Quando pesamos o verdadeiro valor das coisas, a sabedoria cristã olha para aquilo que irá durar. Da mesma forma que seríamos tolos se gastássemos o mesmo com um par de sapatos que irá se gastar em duas semanas quanto com um par que irá durar dez anos, seríamos tolos se buscarmos bens perecíveis com o mesmo zelo com que buscamos os imperecíveis. Certas coisas duram e são feitas para o longo prazo. Outras são destinadas a ficarem bem mais aquém.

Todos nós já ouvimos a expressão "Você não vai poder levar isso com você". Quando morrermos, todas as coisas que temos ficarão para trás. Outros irão dividi-las ou jogá-las fora. Mas há algumas coisas que levaremos conosco: coisas que duram por toda a eternidade. Dirigindo-se aos coríntios, São Paulo escreve: "Porque não miramos as coisas que se veem, mas sim as que não se veem. Pois as coisas que se veem são temporais, e as que não se veem são eternas" (2Cor 4,17). Paulo relaciona as coisas visíveis a este mundo e as coisas invisíveis àquilo que dura para sempre, e recomenda que coloquemos nosso coração nas coisas que irão durar.

Isso não significa que os cristãos devam negligenciar as coisas deste mundo. As coisas materiais não são más. Deus fez o mundo e tudo o que está nele; portanto, tudo é intrinsecamente bom. Seria tolo – e um tanto monótono – desprezar as grandes coisas na vida, considerando-as como más. Segue-se que temos responsabilidade de cuidar dessas coisas boas: nossa saúde, o meio ambiente, nossa riqueza – uma administração responsável de todas essas coisas é parte daquilo que significa ser um bom cristão. Afinal, Jesus diz que no dia do juízo final seremos examinados em relação a algumas coisas materiais: se alimentamos os pobres, vestimos os desnudos e visitamos os doentes, e não apenas se rezamos muito.

Mas, ainda assim, a hierarquia permanece. As coisas espirituais são incorruptíveis, ligadas à eternidade, enquanto que as coisas materiais necessariamente têm um fim. Valorizamos nossa aparência, nossas contas bancárias e nossas férias, mas devemos ter em mente que elas estão escorregando por entre nossos dedos a cada momento, e não irão durar para sempre. Nas palavras de Jesus, não ajuntemos tesouro na terra, mas onde ele realmente conta: no céu (cf. Mt 6,19-20). Juventude e beleza são bons exemplos disso. Não importa quanto esforço nós fazemos na academia e quanta maquiagem colocamos em nosso rosto, nossa juventude se esvai e não podemos tê-la de volta. Fico estarrecido quando vejo nas ruas de Manhattan as medidas extremas que algumas pessoas adotam para tentar reverter o inevitável. Em vez de se agarrarem desesperadamente à juventude, pessoas sábias, tranquilamente a deixam partir e abraçam cada estágio da vida como o melhor.

Pede-se ao cristão que olhe para o mundo de uma maneira diferente do não crente. Para o não crente, esta vida é tudo o que temos; para o cristão, ainda não estamos em casa. Somos peregrinos, passando por uma terra estrangeira; nossa pátria verdadeira se encontra além desta vida. A maioria dos cristãos crê nisso, mas raramente vive de acordo com essa verdade. Como a vida seria diferente se sempre tivéssemos isso em mente e o vivêssemos de acordo.

Jesus foi radical em seus ensinamentos. Ele repetidamente subvertia o *status quo* e a maneira como as pessoas viam as coisas. Isso era especialmente verdade em sua maneira de avaliar o que é importante, distinguindo-o daquilo que não tem importância. Por exemplo, quando uma pobre viúva contribui com duas moedas de cobre para o tesouro do templo, Ele garante aos que estão a sua volta que a doação da viúva valia mais do que as doações prodigiosas dos ricos. "Pois todos eles deram do que tinham de sobra, ao passo que ela, da sua pobreza, ofereceu tudo o que tinha para viver" (Mc 12,44). De uma perspectiva puramente racional, isso é absurdo. Dois centavos nunca podem ser mais do que grandes contribuições. Mas Jesus nos diz que aos olhos de Deus eles são.

Por outro lado, Jesus repreende os fariseus por inverterem a escala de valores. Eles lavam a parte externa das xícaras e dos pratos, diz ele, e negligenciam as questões mais importantes da lei: "justiça, misericórdia, boa-fé" (Lc 11,39-42). Ele nos diz que aquilo que está ocorrendo em nosso coração importa mais do que aquilo que é puramente externo. É mais importante praticar as virtudes de misericórdia e da justiça do que lavar nossas mãos corretamente antes de comer.

Como já vimos antes, quando lhe perguntaram qual das leis é a mais importante, Jesus não hesita em enfatizar o amor a Deus e ao próximo, realçando que isso é muito mais importante do que qualquer holocausto. Quando os discípulos começam a discutir sobre quem entre eles era o mais importante, Jesus os faz calar, colocando uma criancinha entre eles e proclamando que ela era a mais importante. Aquilo que o mundo despreza, Deus com frequência descobre ser de grande valor.

Tudo isso nos diz que o cristianismo oferece uma nova visão da existência humana, uma maneira de ver e avaliar todos os eventos e atividades da vida humana. Essa visão é baseada na verdade sobre o homem, sobre seu destino e sobre suas relações com Deus e com o mundo.

A sabedoria cristã não desdenha a criação de Deus ou a vida na Terra, mas sim as põe em perspectiva. É aqui que a sabedoria para perceber a diferença começa – lembrando-nos da eternidade quando tomamos decisões.

*Senhor, sei que ainda não estou em casa. Você me deu esta vida como uma "degustação" da vida que virá. Mas você sabe que me distraio com frequência. Vivo como se o aqui e agora fosse tudo o que importa. Dê-me, Senhor, a sabedoria para perceber a diferença entre aquelas coisas pelas quais devo lutar e aquelas que devo deixar ir, sempre em busca das coisas que irão durar.*

# 40

# A vontade de Deus ou a minha?

Há inúmeras boas razões e também más razões para fazer o que faço. Lembro um curso fascinante de psicologia na universidade chamado "Comportamento em organizações", no qual examinávamos aquilo que motiva as pessoas a fazerem as escolhas que fazem. Dinheiro, fama, prazer, filantropia e inúmeros outros incentivos podem motivar uma pessoa a agir. Algumas motivações são racionais, outras são emocionais, e a maioria uma combinação de coisas. Uma sabedoria caracteristicamente cristã coloca a vontade de Deus acima de todas essas razões. Se temos um compromisso básico de viver nossa vida terrena como uma preparação para o céu, então, ao discernir o que é verdadeiramente importante na vida, nada é melhor do que fazer aquilo que nós achamos que Deus quer que façamos, a fim de chegar lá – em outras palavras, a vontade de Deus.

Isso faz sentido por um par de razões. Primeiro, já que Deus fez tudo o que existe, Ele conhece seu *design* melhor do que ninguém. Ele compreende como as coisas funcionam, como elas devem se encaixar e como a liberdade humana deve ser usada. Nós nos tornamos sábios quando nos conectamos com sua sabedoria, quando buscamos integrar nossas decisões em sua vontade.

Mas talvez ainda mais importante: a vontade de Deus assinala o mapa da estrada que leva à felicidade humana.

Uma máxima importante da fé cristã é que Deus é amor e, portanto, tudo o que Ele deseja é expressão daquele amor. Deus deseja somente boas coisas para nós – na verdade, as melhores coisas. É sábio seguir o desejo de alguém que busca nada mais do que nosso bem e sabe aonde esse bem será encontrado. Não há dúvida de que essa foi a política que Jesus seguiu e ensinou. Ele disse que fazer a vontade de Deus era seu "alimento" (Jo 4,34), e que Ele sempre fez aquilo que satisfazia "Aquele que me enviou" (Jo 8,29). Essa foi a sabedoria que Jesus passou para seus discípulos: "Pois todo aquele que faz a vontade do meu Pai, que está nos céus, esse é meu irmão, minha irmã e minha mãe" (Mt 12,50).

Nem sempre é fácil saber o que Deus quer de nós. Por certo, sabemos umas poucas coisas que Ele não quer que façamos (pense naquela lista bem conhecida de ações como roubo, assassinato e mentiras), mas, do lado positivo, pode ficar mais obscuro. De vez em quando pessoas na Bíblia recebiam visitas de anjos ou recebiam mensagens em sonhos, mas frequentemente Deus não parece se comunicar dessa forma conosco. Na maior parte das vezes temos de tomar as melhores decisões que podemos, por meio de estudo, oração, e consultas, e confiar que Deus irá nos abençoar por nosso esforço para saber o que é sua vontade e fazê-la.

Isso não significa, no entanto, que estamos caminhando no escuro. Afinal, temos uma ideia bastante boa do tipo de pessoa que Deus quer que sejamos, e isso já é um bom começo. Uma pessoa generosa, indulgente, útil, leal, honesta sabe como agir em praticamente todas as situações. Se essa não é a vontade de Deus, não sei qual será! E se Deus tem mensagens especiais para nós fora do curso normal de eventos, e se nós somos homens e mulheres com uma vida constante de orações, Ele certamente encontrará um meio de nos avisar!

O mais importante é ter feito um compromisso básico com Ele: "Deus, quero fazer sua vontade". Essa profunda escolha de confiar em Deus já é muito agradável para Ele. Uma pessoa que sinceramente busca a vontade de Deus acima de tudo descobriu parte da sabedoria mais profunda que existe.

Acho que uma das grandes surpresas que nos espera na eternidade é ver quem são os grandes ganhadores e os grandes perdedores da vida. Coisas que hoje julgamos por padrões terrenos sem dúvida parecerão diferentes quando estivermos diante de Deus. Sempre fico impressionado com a parábola contada por Jesus do homem rico e Lázaro. O homem rico mora em uma enorme mansão, usa roupas finas e se banqueteia de forma exagerada. Lázaro é um pobre mendigo coberto de feridas, que se senta do lado de fora do portão da casa do homem rico. O homem rico certamente é o centro das atenções e convidado para todas as melhores festas. Todos sabem seu nome e querem ser seus amigos. No entanto, hoje nós o conhecemos apenas como "o homem rico". Lázaro, por outro lado, é evitado pelas pessoas da época. Ele é o "perdedor" consumado que tem de sobreviver comendo os restos que as pessoas lhe dão quando ele mendiga. No entanto, nós conhecemos Lázaro pelo nome, e, como Jesus nos disse, Ele foi consolado no seio de Abraão.

Qual era a diferença principal entre os dois homens? Certamente não é que um era rico e o outro pobre. Era, ao contrário, que um vivia para si próprio e buscava a realização de sua própria vontade, enquanto o outro buscava o rosto de Deus, mesmo em sua miséria. Um era tolo e o outro era sábio.

Nesse caminho para a sabedoria às vezes tudo o que é necessário é uma mudança em nossos padrões mentais. Em vez de ter nosso próprio desejo – aquilo que queremos fazer – como o eixo de nosso pensamento e de nossa atividade, podemos decidir buscar e fazer a vontade de Deus. Com o passar do tempo isso irá alterar nossa ideia de sucesso. Enquanto anteriormente nós ficávamos desanimados com coisas pequenas, agora nos lembramos de que a vitória final é o que conta. E essa vitória não é econômica, social ou política. É espiritual! Não importa o que nos aconteça, não importa o que as pessoas façam conosco, não importa nosso estado de saúde ou situação financeira... nosso sucesso real na vida não está em risco. Nossa meta é estar com Deus!

Defendendo o mesmo argumento, cito outro texto que li na universidade, *A consolação da filosofia,* escrito por um antigo filósofo cristão chamado Boécio. Uma de suas principais sugestões é que nada que se esvai pode constituir nosso verdadeiro bem. Aquilo que é temporário se esvai e o que é eterno dura para sempre. Aos olhos de Deus, o que realmente são "boas notícias" e "más notícias"? Há algum bem – além do próprio Deus – que não possa ser usado em nosso detrimento? Há algum "mal" que Deus não possa transformar em bem? Com que frequência eu me lembro das palavras reconfortantes de São Paulo: "Sabemos que tudo contribui para o bem daqueles que amam a Deus, daqueles que são chamados segundo o seu desígnio" (Rm 8,28).

Há uma história taoista que esclarece esse ponto muito bem. Um velho lavrador trabalhou sua roça durante muitos anos. Um dia seu cavalo foge. Ao ouvir a notícia, seus vizinhos vêm visitá-lo:

– Que má sorte! – dizem eles, penalizados.

– Já veremos – responde o lavrador.

Na manhã seguinte o cavalo volta, trazendo com ele três outros cavalos selvagens.

– Que maravilha! – exclamam os vizinhos.

– Já veremos – responde o velho.

No dia seguinte o filho do velho tenta montar um dos cavalos selvagens; cai e quebra a perna. Os vizinhos vêm uma vez mais para oferecer sua comiseração pela má-sorte do velho.

– Já veremos – responde ele.

No outro dia, oficiais militares vêm até a aldeia para convocar jovens para o exército. Vendo que a perna do jovem está quebrada, eles o deixam em paz. Os vizinhos parabenizam o lavrador pelo fato de as coisas terem dado certo.

– Já veremos – diz o lavrador.

Todas as experiências de nossa vida na Terra, sejam boas ou más, estão tingidas com incerteza e precariedade. Toda alegria é frágil como um bibelô de cristal que pode quebrar de um momento para outro. A hora vai chegar, no entanto, quando um pedaço final de boa sorte cairá sobre nós, uma boa sorte que ninguém jamais irá roubar e que nenhuma outra má sorte jamais poderá manchar. Esse será o dia no qual ouviremos da boca de Nosso Senhor aquelas palavras abençoadas: "Muito bem, meu bom e fiel servo. Venha e se junte à felicidade de seu mestre". Naquele ponto, o medo que acompanha a incerteza irá terminar para sempre. Todas as contingências serão substituídas pela permanência. No final, a verdadeira sabedoria consiste nisso: o mundo como o conhecemos está morrendo. Tanto o prazer quanto a dor irão se esvanecer em uma lembrança distante, sem qualquer resíduo duradouro em nossa alma. É a vitória final que importa, e saber disso e viver de acordo é a sabedoria – a verdade do Evangelho.

*Senhor, há tantas coisas que cintilam e brilham.*
*Algumas são boas para mim, outras não.*
*Mas no fundo de meu coração sei que você é o único*
*que pode satisfazer meus anseios mais profundos,*
*as coisas que irão me fazer florescer. Dê-me força*
*hoje para buscar sua vontade acima de qualquer*
*outra coisa. Eu farei isso por amor a você.*

# 41

## *Pessoas acima de coisas*

Um aspecto final da sabedoria cristã é a primazia de pessoas sobre coisas. Jesus nos assegura que o Pai contou todos os fios de cabelo de nossa cabeça, tal é a importância que cada um de nos tem para Ele (Lc 12,7). E embora Deus não esqueça um único pardal, nós valemos mais do que muitos deles, Jesus nos diz que as coisas existem para serem usadas e as pessoas para serem amadas. Cada pessoa tem um valor infinito para Deus, tanto que o Bom Pastor deixará 99 ovelhas e irá buscar uma que está perdida (Lc 15,4).

Aos olhos de Deus, ninguém é apenas um "número", ninguém é dispensável, ninguém escapa pelas frestas. Ele mantém os olhos em cada um de nós e nos ama de uma maneira única e perfeita. Lembro que me diziam quando eu era criança, que ainda que eu fosse a única pessoa na Terra, Jesus teria morrido na cruz por mim. Essa ideia realmente me surpreendeu. Jesus não morreu apenas pela "humanidade" – Ele morreu por mim! Isso deve ser aquilo que São Paulo percebeu quando diz: "Eu vivo, mas não eu: é Cristo que vive em mim. Minha vida atual na carne, eu a vivo na fé, crendo no Filho de Deus, que me amou e se entregou por mim" (Gl 2,20). Paulo coloca a afirmação na primeira pessoa do singular: "para mim". Que maravilha pensar que Deus ama cada um de nós com essa singularidade.

Não há nada mais poderoso ou transformador na vida do que essa convicção do amor radical e individual de Deus por nós, como seus filhos. Isso nos muda de dentro para fora, pois se Deus nos ama assim tão completamente, não podemos fazer outra coisa a não ser tentar amá-lo e aos outros de uma forma semelhante. Como poderemos olhar outros seres humanos com desdém, se Cristo ama-os tanto, que teria morrido apenas por eles? Como poderemos desprezar aquilo que Cristo ama? Dessa maneira, é fácil ver que se pede a um cristão que seja totalmente inclusivo. Devemos amar a todos, sem exceção.

Embora Cristo tenha vindo para os doentes, pecadores, fracos... por todos nós... o cristianismo não é para os que desanimam com facilidade. O grande mandamento de amor pode ser a coisa mais difícil de ser cumprida no mundo. De vez em quando o amor vem naturalmente e, nesses casos é fácil. Mas isso é exceção. Na maior parte do tempo o amor exige coragem, autossacrifício e muita paciência. Realmente precisamos de um coração como o de Cristo para amar as pessoas da maneira que Ele quer que o façamos. Como é lindo, mas também como é angustiante, por exemplo, a ordem para perdoar aqueles que nos ofendem e amar até mesmo nossos inimigos! Quando alguém que intencionalmente nos feriu nem sequer ainda se arrependeu, é preciso uma tremenda coragem para reagir com amor, como o próprio Jesus o fez: "Pai, perdoa-lhes! Eles não sabem o que fazem!" (Lc 23,34). Imitar Jesus é sempre sábio.

Praticar a sabedoria cristã significa tentar ao máximo viver pelos outros, sempre. Significa sempre colocar as pessoas em primeiro lugar. Isso é um verdadeiro desafio para mim. Começo o dia com uma lista de todas as tarefas que preciso realizar. Sou uma pessoa "orientada para projetos" e inconscientemente defino um bom-dia como aquele em que posso riscar um grande número de itens da minha lista. Mas as pessoas não são tarefas quantificáveis. Nunca podemos colocar um sinal de "feito" ao lado de seus nomes, como se elas fossem um projeto. Elas estão sempre lá, não como coisas para serem utilizadas, mas sim como seres humanos para serem amados.

A Parábola do Bom Samaritano sempre me chama a atenção, especialmente quando a estou lendo em voz alta diante de outras pessoas. Você provavelmente se lembra de que o primeiro homem que passa pelo homem necessitado é um padre! Ele está ocupado, provavelmente a caminho de uma reunião ou para fazer um sermão. Ele é uma pessoa importante e não quer ser incomodado. Então simplesmente passa pelo pobre homem que foi espancado e roubado. O padre faz uma escolha ruim. Ele não põe as pessoas em primeiro lugar, mas "as coisas": seu tempo, seu cronograma, suas tarefas. E Jesus nos diz que ele não é "um próximo" para aquele homem ferido. O padre não é sábio.

A sabedoria cristã nos diz que nada é mais importante do que a outra pessoa. E não importa quem seja essa pessoa: uma criancinha, um pobre, um analfabeto, alguém que cheira mal, é desagradável ou arrogante. Não importa. Aquela pessoa é importante para Deus e deveria ser importante para nós.

A encarnação de Jesus torna a sabedoria imensamente prática para nós cristãos. Porque nós chegamos a ver, ouvir e quase tocar Jesus no Evangelho, não precisamos de profetas, reis ou anjos para nos contar a vontade de Deus. Não precisamos de homens sábios para decifrar para nós o significado das constelações ou predizer nosso futuro. Com frequência podemos simplesmente nos perguntar: O que Jesus de Nazaré quer que façamos? Esse é o momento em que deveríamos abandonar nossa insistência em ser tratados justamente? O que Jesus faria? Devemos não dar importância a algo que nos incomoda em outra pessoa – uma cunhada, uma sogra, um colega de trabalho – ou devemos confrontá-lo? Perguntamos o que Jesus faria. Quando estamos inseguros ou confusos podemos nos lembrar dos mártires, pessoas que ficaram como faróis luminosos e que nos atraem para o Pai, a fonte de toda a sabedoria. A sabedoria cristã tem como base a mesma verdade que a sabedoria natural, mas ela nos esclarece como "perceber a diferença" entre os momentos quando devemos "abdicar e deixar Deus agir" e quando devemos agir corajosamente.

*Pai do céu, você sabe que quero fazer a coisa certa. Você sabe que quero amar como você ama, servir como você serve. Você sabe, também, que há pessoas em minha vida que acho difícil amar. Peço-lhe que me dê um coração como o seu, de tal forma que, a partir de hoje, eu ponha as pessoas – todas as pessoas – acima de todas as coisas, especialmente acima daquelas coisas que são um obstáculo para que eu as ame como você o faz.*

# Conclusão

– Um dia de cada vez.

– Hoje estou sóbrio.

– Hoje fazem oito anos e meio que eu tomei minha última bebida alcoólica.

Tenho certeza de que você já ouviu esses comentários ou comentários semelhantes de pessoas viciadas que estão em recuperação. Elas sabem que estão a uma má escolha de distância de sua antiga vida de caos e tristeza. Todo dia é uma jornada. Nunca afirmam ter obtido uma vitória final.

Se estamos ou não lutando contra o vício, relutar em afirmar que obtivemos a vitória final em nossa viagem espiritual é profundamente saudável. O caminho da serenidade não é uma fórmula estática que, uma vez compreendida, emite resultados que curam tudo. Embora estejamos no fim deste livro, estamos apenas começando. Identificamos a estrada correta e começamos a nos movimentar lentamente na direção certa. Tentamos com vários graus de sucesso. Estou certo que desistir de algumas coisas que não podemos modificar e assumir outras que anteriormente temíamos, foram coisas extremamente difíceis de manipular. Cada uma dessas tentativas foi importante, mas, felizmente, o crescimento na vida espiritual não é determinado pelo sucesso daquelas tentativas. É determinado, ao contrário, pela graça de Deus. Ele pode proporcioná-la quando e como desejar. Em outras palavras, se não sentimos que estamos progredindo na velocidade que gostaríamos, não precisamos temer ou nos desesperar. Tudo o que Deus pede de nós é que continuemos nos movimentando. A viagem é tão longa quanto a vida e está marcada com placas peculiares desenhadas e colocadas por Deus, que correspondem perfeitamente às voltas e reviravoltas, às contusões e escoriações que Ele permite que surjam em nosso caminho. Com o conhecimento básico que agora temos e com a determinação renovada de fazer a vontade de Deus, quando virmos essas placas saberemos que estão lá para o nosso próprio bem. Deus está conosco, e seu estilo e sua escolha do momento apropriado são perfeitos.

Essa firme determinação de continuar indo adiante sem saber como Deus nos levará ao local de paz interna, serenidade e coragem que buscamos faz sentido em última instância porque nós acreditamos no céu e acreditamos que Deus está nos levando para lá!

Não tenho a menor ideia de como é o céu. Tenho uma suspeita muito forte, no entanto, de que irá incluir as melhores versões das coisas e das pessoas que nós amamos mais aqui na Terra. Isso não é pura especulação. A história da salvação, como lida na Bíblia e em nossa própria vida, é a história de Deus pacientemente – e tão pacientemente – revelando-se a nós e incentivando-nos a ter uma relação carinhosa com Ele, de tal forma que possamos escolher pela fé ficar para sempre em sua presença. O pano de fundo dessa história de amor divino é nosso contato com sua criação. A beleza da natureza, nossas amizades profundas com pessoas boas, o desenvolvimento da razão humana, e, ouso dizer, boa comida, boa arte, boa música e boa diversão... são todas peças da criação de Deus e, quando as usamos bem, todas elas nos apontam para Ele como a fonte de toda a bondade e verdade. O fato de Deus adotar a forma de sua criação com a encarnação de Jesus Cristo é a prova decisiva de que sua criação é muito, muito boa.

Se a criação de Deus é assim tão boa, você não acha que é improvável que ela irá desaparecer completamente sem deixar nada como ela em seu lugar? É verdade que o novo céu e a terra profetizados na em Ap 21,1 será muito diferente da realidade fraturada e rota que conhecemos agora. Mas... nenhuma comida boa no céu? Realmente? Como eu disse, acho que faz sentido – em termos espirituais – que o céu estará cheio das melhores versões de nossas coisas favoritas.

Muito mais importante – se respondermos afirmativamente a esse seu chamado carinhoso para estar com Ele para sempre –, o céu estará cheio das melhores versões de nós mesmos e das pessoas que amamos. Se você quer ficar entusiasmado com o céu, reserve um momento para imaginar-se com todas as pessoas favoritas, não como elas estão agora, mas no estado pleno que Deus as criou para serem. Imagine-as com saúde perfeita de mente, corpo e alma, totalmente apaixonadas por Deus e em perfeita harmonia com todos os demais. Agora imagine uma família humana na presença de Deus, sem qualquer inveja, raiva, ansiedade, rancor ou medo. Isso é o céu!

Trago o céu uma vez mais aqui, na conclusão, porque esse caminho da serenidade pode nos levar lá. E chegar ao céu é o que mais importa na vida. Jesus nos avisou: "Como é estreita a porta e apertado o caminho que leva à vida" (Mt 7,14). É difícil chegar ao céu porque é mais fácil seguir nossas paixões vis e viver para nós mesmos. É mais fácil estar ansiosos sobre as coisas que não podemos modificar do que aceitá-las, aprendendo a confiar na providência divina. É mais fácil permitir que o medo e a preguiça nos congelem do que corajosamente mudar as coisas que podemos e devemos mudar. É mais fácil seguir nossos caprichos do que aprender a sabedoria procurando e fazendo a vontade de Deus.

Então, vamos fazer isso. Vamos continuar. Vamos confiar no caminho da serenidade que o Senhor mapeou para nós nos evangelhos e em sua vida. "Eu vim para que tenham vida, e a tenham em abundância" (Jo 10,10).

Espero que, para você, este livro tenha sido uma parte bem pequena do plano muito grande de Deus para lhe dar tudo do que precisa para chegar ao céu, sem deixar de ter bastante diversão no caminho. Escrevê-lo foi certamente essas duas coisas para mim.